① 名　詞 ①

合点 80点

点

点

解答 ➡ P.65

1 次の英語の意味を右から選び，記号を書きなさい。(5点×5)

(1) peace　[　　　]

(2) power　[　　　]

(3) health　[　　　]

(4) chance　[　　　]

(5) problem　[　　　]

ア	問題	イ	交流
ウ	規則	エ	健康
オ	解答	カ	作品
キ	動力	ク	平和
ケ	機会	コ	合図

2 次の日本語の意味を表すように，＿＿に正しい文字を入れて英語を完成しなさい。(7点×6)

(1) 爆弾　b ＿＿＿＿＿＿＿

(2) デザイン　　　d ＿＿＿＿＿＿＿

(3) 大学　c ＿＿＿＿＿＿＿＿

(4) 悩み，もめごと　t ＿＿＿＿＿＿＿

(5) 冗談　j ＿＿＿＿＿

(6) 危険　　　d ＿＿＿＿＿＿＿

3 次の下線部の語を日本語にし，日本文を完成しなさい。(6点×2)

(1) There were a lot of flowers on the ground.

[　　　　　　　　　　　　　]にはたくさんの花がありました。

(2) Did you enjoy your first visit to London ?

あなたは初めてのロンドンへの[　　　　　　　　　　]を楽しみましたか。

4 次の日本文に合うように，＿＿に適切な語を下から選んで書きなさい。

(1) 私たちはそのトーナメントに参加するつもりです。　　　　　　(7点×3)

We will join the ＿＿＿＿＿＿＿＿ .

(2) 国民は強い政府を求めています。

The people want a strong ＿＿＿＿＿＿＿＿ .

(3) 明日の気温は今日より高くなるでしょう。

The ＿＿＿＿＿＿＿＿ will get higher tomorrow than today.

〔 weather, government, tournament, temperature, concert, event 〕

② 動　詞 ①

❶ 次の英語の意味を右から選び，記号を書きなさい。(5点×4)

(1) carry 　[　　　]

(2) forget 　[　　　]

(3) arrive 　[　　　]

(4) realize 　[　　　]

ア	～を破る	イ	～を貸す
ウ	謝る	エ	到着する
オ	～を助ける	カ	(～を)忘れる
キ	(～に)気づく	ク	～を運ぶ

❷ 次の日本語を英語にしなさい。ただし，指定された文字で始めること。

(7点×6)

(1) ～を救う　　s _____

(2) ～を支援する　s _____

(3) ～を決める　d _____

(4) ほほえむ　　s _____

(5) ～を殺す　　k _____

(6) 意思を伝える　c _____

❸ 次の日本文に合うように，_____ に適切な語を下から選んで書きなさい。ただし，それぞれの語は1度ずつしか使えません。(5点×4)

(1) あの女の子に話しかけてみましょう。　Let's _____ to that girl.

(2) あなたは何語を話しますか。　What language do you _____ ?

(3) 私にあなたの名前を教えてください。

Please _____ me your name.

(4) 私の両親はよく私に「早く寝なさい」と言います。

My parents often _____ to me, "Go to bed early."

〔 say,　speak,　talk,　tell 〕

❹ 次の日本文に合うように，_____ に適切な語を書きなさい。(9点×2)

(1) 私は週末はたいてい家で過ごします。

I usually _____ my weekends at home.

(2) 私たちは彼女をパーティーに招待するつもりです。

We'll _____ her to our party.

③ 形容詞 ①

合格点 **80**点　得　点　　点　解答 ➡ P.65

1 次の英語の意味を右から選び，記号を書きなさい。(5点×5)

(1) bad 　[　　]
(2) kind 　[　　]
(3) sick 　[　　]
(4) hungry 　[　　]
(5) poor 　[　　]

ア	親切な	イ	近い
ウ	かたい	エ	かわいそうな
オ	悪い	カ	病気の
キ	空腹な	ク	長い
ケ	すばやい	コ	高い

2 次の日本語の意味を表すように，＿＿に正しい文字を入れて英語を完成しなさい。(6点×6)

(1) 清潔な　c＿＿＿＿＿
(2) 有名な　f＿＿＿＿＿
(3) 広い　　l＿＿＿＿＿
(4) 年下の　j＿＿＿＿＿
(5) 疲れた　t＿＿＿＿＿
(6) 本当の　t＿＿＿

3 次の下線部の語を日本語にし，日本文を完成しなさい。(6点×3)

(1) It is said that that forest is a <u>dangerous</u> place.
あの森は [　　　　　　　　] 場所だと言われています。

(2) Are you <u>ready</u> to go out?
外出する [　　　　　　　　] ましたか。

(3) English is an <u>international</u> language.
英語は [　　　　　　　　] 言語です。

4 次の日本文に合うように，＿＿に適切な語を書きなさい。(7点×3)

(1) 私の父は先週，とても忙しかったです。
My father was very ＿＿＿＿＿＿ last week.

(2) 私はその知らせを聞いて驚きました。
I was ＿＿＿＿＿＿ to hear the news.

(3) あなたは1人ではありません。
You are not ＿＿＿＿＿＿ .

④ 副　詞　①

合格点 **80**点
得 点
点
解答 ➡ P.65

1 次の日本語の意味を表す英語を右から選び，.......... に書きなさい。(5点 × 5)

(1) 容易に　　........................

(2) 外側に　　........................

(3) 速く　　........................

(4) 本当に　　........................

(5) 特に　　........................

inside	easy
outside	quickly
really	special
real	easily
quick	especially

2 次の日本文に合うように，.......... に適切な語を書きなさい。(7点 × 3)

(1) マイクは今夜，テレビを見ます。

Mike will watch TV ....

(2) 1匹のねこがその部屋にゆっくりと入ってきました。

A cat came into the room ....

(3) ジェーンの祖父はもう少しで80歳です。

Jane's grandfather is .... eighty.

3 次の下線部の語(句)を日本語にし，日本文を完成しなさい。(9点 × 6)

(1) I went to the bank <u>instead of</u> my mother.

私は母 [　　　　　　　　　] 銀行へ行きました。

(2) <u>Anyway</u>, go back to your office at once.

[　　　　　　　　　]，すぐに事務所に帰りなさい。

(3) Let's study <u>quietly</u>. [　　　　　　　　　] 勉強しましょう。

(4) We must think about it <u>carefully</u>.

私たちはそれについて [　　　　　　　　　] 考えなければなりません。

(5) You finished the work <u>finally</u>.

あなたは [　　　　　　　　　] その仕事を終えました。

(6) Do you want to go <u>abroad</u>?

あなたは [　　　　　　　　　] 行きたいですか。

名　詞 ②

1 次の日本語の意味を表す英語を右から選び，………に書きなさい。(5点×5)

(1) 選択　………………………

(2) 努力　………………………

(3) 息子　………………………

(4) 患者　………………………

(5) 楽しいこと　………………………

daughter	fan
doctor	work
chance	effort
choice	patient
fun	son

2 次の英語を日本語にしなさい。(5点×6)

(1) birthday [　　　　　]　(2) library [　　　　　]

(3) e-mail [　　　　　]　(4) island [　　　　　]

(5) fact [　　　　　]　(6) festival [　　　　　]

3 次の下線部の語を日本語にし，日本文を完成しなさい。(5点×2)

(1) There is a beautiful <u>card</u> on the table.

テーブルの上に美しい [　　　　　　　] があります。

(2) We have a famous <u>museum</u> in our city.

私たちの市には有名な [　　　　　　　] があります。

4 次の日本文に合うように，………に適切な語を書きなさい。(7点×5)

(1) 私たちは昨日，家でパーティーを開きました。

We had a ……………………… at our house yesterday.

(2) いくつ箱がありましたか。　How many ……………………… were there ?

(3) 私は両親からすてきなプレゼントをもらいました。

I got a nice ……………………… from my parents.

(4) あなたの町の歴史について私に教えてください。

Please tell me about the ……………………… of your town.

(5) 楽しんでね。　Have a good ………………………!

6 動 詞 ②

合格点 80 点
得 点 点

1 次の日本語の意味を表す英語を右から選び，＿＿＿に書きなさい。(5点×4)

(1) ～を手渡す　＿＿＿＿＿＿

(2) ～を売る　＿＿＿＿＿＿

(3) ～を置く　＿＿＿＿＿＿

(4) 飛ぶ，飛行機で行く　＿＿＿＿＿＿

hit	buy
put	jump
fly	sell
wash	pass

2 次の英語を日本語にしなさい。(5点×4)

(1) invite [　　　]　(2) marry [　　　]

(3) reuse [　　　]　(4) explain [　　　]

3 次の日本文に合うように，(　)内の語(句)を並べかえなさい。(10点×3)

(1) 窓を閉めてくださいますか。　(you, the window, could, close)?

(2) だれかがドアの後ろにいることに気がつきました。

(realized, someone, the door, I, that, behind, was).

(3) 彼は私たちに移動を命じました。　(us, move, he, to, ordered).

4 次の日本文に合うように，＿＿＿に適切な語を書きなさい。(6点×5)

(1) 駅で私を待っていなさい。　＿＿＿ for me at the station.

(2) 飲み物は何にされますか。　What would you like to ＿＿＿?

(3) 彼らの生活は改善するでしょうか。　Will their life ＿＿＿?

(4) 彼は自転車に乗って通学しています。

He ＿＿＿ a bike to school.

(5) 彼らは明日パーティーで踊るでしょう。

They will ＿＿＿ at the party tomorrow.

7 代 名 詞 ①

合格点 80点 / 得点 点 / 解答 ➡ P.66

1 次の表の空欄に合う形の人称代名詞または所有代名詞を入れなさい。

(2点×10)

	単数				複数			
	主 格	所有格	目的格	所有代名詞	主 格	所有格	目的格	所有代名詞
1人称	I	my	me	**(1)**	we	our	**(6)**	**(7)**
2人称	you	your	**(2)**	yours	you	**(8)**	you	yours
3人称	he	his	**(3)**	his	they	their	**(9)**	**(10)**
	she	her	**(4)**	hers				
	it	**(5)**	it	—				

2 次の日本文に合うように，　　　　に適切な語を書きなさい。(10点×6)

(1) 彼女は昨年，フランスに行きました。

　　　　　　　　went to France last year.

(2) あなたたちは明日，学校でサッカーをしますか。

Will 　　　　　　　　play soccer at school tomorrow?

(3) 私たちは今夜，宿題をしなければなりません。

We must do 　　　　　　　　homework tonight.

(4) 私といっしょに公園へ行きませんか。

Will you come to the park with 　　　　　　　　?

(5) テーブルの上にあるあの腕時計は彼のものです。

That watch on the table is 　　　　　　　　.

(6) このCDはあなたのものですか。

Is this CD 　　　　　　　　?

3 次の英文の　　　　に適切な代名詞を入れなさい。(10点×2)

(1) 　　　　　　　　is very hot today.

(2) We can see many stars tonight. One of 　　　　　　　　is my favorite.

8 前置詞 ①

1 次の英文の(　)内から適切な語を〇で囲みなさい。(7点 × 7)

(1) It isn't easy (of,　by,　for) me to speak English.

(2) Mr. Brown comes to school (with,　in,　by) bike.

(3) Could you give me a cup (in,　of,　from) tea ?

(4) This bottle is made (by,　from,　of) plastic.

(5) My sister was born (at,　in,　on) July 4.

(6) We have a lot of snow (at,　in,　on) January.
_{生まれた}

(7) My mother works from Monday (at,　to,　on) Saturday.

2 次の(　)に共通して入る前置詞を......に書きなさい。(8点 × 3)

(1) This letter was written (　　　) Tom.

The girl (　　　) the door is Becky.

....

(2) My sister is sick (　　　) bed.

It's ten (　　　) the afternoon in Tokyo.

....

(3) Our city is famous (　　　) the old castle.

Thank you (　　　) your letter.

....

3 次の日本文に合うように，(　)内の語(句)に１語を加えて並べかえなさい。

(1) 私たちはその公園をボランティアとしてそうじします。　　　　　(9点 × 3)

(clean,　the park,　volunteers,　we).

....

(2) その建物の後ろに病院を見つけるでしょう。

(the building,　find,　you,　the hospital,　will).

....

(3) 私は世界中を旅行したいです。

(to,　the world,　want,　travel,　I).

....

1 次の日本語を表す英語を右から選び，記号を書きなさい。(6点×6)

(1) １つの〜 [　　　]

(2) 〜の面倒を見る [　　　]

(3) 将来に [　　　]

(4) たとえば [　　　]

(5) 〜の前で [　　　]

(6) あきらめる [　　　]

ア	take care of 〜
イ	give up
ウ	for example
エ	in front of 〜
オ	a piece of 〜
カ	in the future

2 次の日本文に合うように，(　)内から適切な語を○で囲みなさい。

(6点×6)

(1) あなたは放課後何をしますか。　What will you do (after, at) school ?

(2) あなたはその男の人のことを耳にしたことがありますか。

Did you hear (from, of) the man ?

(3) 実際に，彼らはその町を訪れました。

(In, At) fact, they visited the town.

(4) あなたは家で犬を飼っているのですか。

Do you have a dog (in, at) home ?

(5) それはあなた次第です。　It depends (of, on) you.

(6) あなたはまだ病気で寝ているのですか。

Are you still sick (in, on) bed ?

3 次の日本文に合うように，.......... に適切な語を書きなさい。(7点×4)

(1) 私がその子の面倒を見ます。　I'll .... after the child.

(2) この犬を怖がらないでください。　Don't be .... of this dog.

(3) このバスに乗りましょう。　Let's .... on this bus.

(4) 私はその生徒を誇りに思います。　I'm .... of the student.

⑩ まとめテスト ①

1 次の英文の＿＿に右の〔 〕内の意味の英語を，必要があれば適切な形にかえて入れなさい。(5点×6)

(1) Our teacher has three ＿＿＿＿＿＿＿ . 〔息子〕

(2) In ＿＿＿＿＿＿＿ , I have never been to Hokkaido. 〔事実〕

(3) My brother is a ＿＿＿＿＿＿＿ student. 〔大学〕

(4) Today is my ＿＿＿＿＿＿＿ . 〔誕生日〕

(5) I hope for world ＿＿＿＿＿＿＿ . 〔平和〕

(6) I didn't have a ＿＿＿＿＿＿＿ to talk to him. 〔機会〕

2 次の日本文に合うように，＿＿に適切な語を書きなさい。(8点×5)

(1) 私たちはあなたを決して忘れないでしょう。

We will never ＿＿＿＿＿＿＿ you.

(2) 私たちは互いに意思を伝え合わなければなりません。

We have to ＿＿＿＿＿＿＿ with each other.

(3) ベスはいつニューヨークに行こうと決めたのですか。

When did Beth ＿＿＿＿＿＿＿ to go to New York ?

(4) 私は休暇を海辺で過ごすつもりです。

I will ＿＿＿＿＿＿＿ my vacation at the beach.

(5) 彼らは私をパーティーに招待してくれました。

They ＿＿＿＿＿＿＿ me to the party.

3 次の形容詞を副詞形に，副詞を形容詞形にかえて＿＿に書きなさい。

(1) slow ＿＿＿＿＿＿ (2) quietly ＿＿＿＿＿＿ (5点×6)

(3) kindly ＿＿＿＿＿＿ (4) careful ＿＿＿＿＿＿

(5) easily ＿＿＿＿＿＿ (6) final ＿＿＿＿＿＿

名　詞 ③

1 次の日本語の意味を表す英語を右から選び，＿＿＿に書きなさい。(3点×6)

(1) 気持ち，心　＿＿＿＿＿＿＿＿＿＿

(2) 時代　＿＿＿＿＿＿＿＿＿＿

(3) 自然　＿＿＿＿＿＿＿＿＿＿

(4) 学年　＿＿＿＿＿＿＿＿＿＿

(5) 土地　＿＿＿＿＿＿＿＿＿＿

(6) 語，単語　＿＿＿＿＿＿＿＿＿＿

question	house	nature
shoe	period	future
word	grade	minute
land	place	heart

2 次の英語を日本語にしなさい。(4点×8)

(1) husband [　　　　　]　(2) key [　　　　　]

(3) reason [　　　　　]　(4) ball [　　　　　]

(5) piano [　　　　　]　(6) temple [　　　　　]

(7) goal [　　　　　]　(8) voice [　　　　　]

3 次の英文の( )内から適切な語を〇で囲みなさい。(5点×4)

(1) We can travel from Tokyo to London by (bus,　plane).

(2) Jane works in the university as a (scientist,　patient).

(3) This is my (aunt,　uncle), my father's brother.

(4) How is the (season,　weather) in New York ?

4 次の日本文に合うように，＿＿＿に適切な語を書きなさい。(10点×3)

(1) 私の職場は，そのビルの３階にあります。

My office is on the third ＿＿＿＿＿＿＿ of the building.

(2) あなたは自分の座席をあのおばあさんにゆずるべきです。

You should give your ＿＿＿＿＿＿＿ to that old woman.

(3) 彼女は農場経営者になるために大学で勉強しました。

She studied in college to be a ＿＿＿＿＿＿＿ .

代 名 詞 ②

1 次の日本文に合うように，_____に適切な語(句)を下から選んで書きなさい。ただし，同じ語(句)を何度使ってもよい。(10点×4)

(1) そこでは，しゃべっている人もいれば，読書をしている人もいます。

_____ are talking and _____ are reading there.

(2) 父は車を2台持っています。1台は赤で，もう1台は黒です。

My father has two cars. _____ is red and _____ is black.

(3) 私はこのかばんの色が好きではありません。別のを見せてください。

I don't like the color of this bag. Show me _____ .

(4) 私は傘をなくしてしまいました。新しいのがほしいです。

I lost my umbrella. I want a new _____ .

〔 one, some, others, the other, another 〕

2 次の日本文に合うように，_____に適切な語を下から選んで書きなさい。

(1) 彼の生徒の全員がその作業を終えました。 (10点×3)

_____ of his students finished the work.

(2) 私の職場では数人の人がフランス語を話すことができます。

A _____ people in my office can speak French.

(3) 私たちはそれぞれ異なる意見を持っています。

_____ of us has a different opinion.

〔 few, each, all 〕

3 次の日本文に合うように，( )内の語(句)を並べかえなさい。(15点×2)

(1) 私たちは昨日，パーティーで楽しみました。

(enjoyed, we, at, the party, ourselves) yesterday.

_____ yesterday.

(2) 健康より大切なものはありません。

(more, health, than, is, important, nothing).

_____

13 動　詞 ③

合格点 **80**点
得点　　点
解答 ➡ P.67

1 次の日本語の意味を表す英語を右から選び， に書きなさい。(3点×6)

(1) ～を紹介する　　..............................

(2) ～に影響を及ぼす　..............................

(3) (～を)推測する　..............................

(4) ～を保持する　　..............................

(5) 待つ　　　　　　..............................

(6) ～を再(生)利用する ....

wait	introduce	ring
grow	continue	invite
recycle	influence	guess
sound	set	keep

2 次の下線部の語を日本語にし，日本文を完成しなさい。(9点×4)

(1) She dropped the box on the floor.　彼女は箱を床に [　　　　　]。

(2) The sun rises in the east.　太陽は東に [　　　　　]。

(3) He put the letter on the desk.　彼は手紙を机の上に [　　　　　]。

(4) I couldn't follow the runner.
私はその走者に [　　　　　] ことができませんでした。

3 次の日本文に合うように， に適切な語を書きなさい。(6点×3)

(1) それらの花を触ってはいけません。　Don't .... those flowers.

(2) 私のことは心配しないで。　Don't .... about me.

(3) 彼らと握手をしましょう。　Let's .... hands with them.

4 次の( )内の意味の語を下から選んで に書き，英文を完成しなさい。

(1) Donna likes to .... pictures. （描く）　　(7点×4)

(2) Can you .... soon? （戻る）

(3) We have to .... for the math exam tomorrow. （準備する）

(4) We .... you a Merry Christmas. （祈る）

〔make, return, study, hope, paint, wish, prepare〕

助 動 詞 ①

合格点 **80** 点
得 点
点
解答 ➡ P.68

1 次の日本文に合うように，＿＿に適切な語を下から選んで書きなさい。
ただし，それぞれの語は1度ずつしか使えません。(6点 × 5)

(1) 私はドラムを演奏することができません。　I ＿＿＿＿＿ play the drums.

(2) このテーブルを使ってもいいですか。　＿＿＿＿＿ I use this table ?

(3) 私があなたを手伝いましょうか。　＿＿＿＿＿ I help you ?

(4) 私が電話をかけ直します。　I ＿＿＿＿＿ call you back.

(5) あなたは他人に親切にすべきです。　You ＿＿＿＿＿ be kind to others.

〔 can, cannot, will, should, shall 〕

2 次の各組の英文がほぼ同じ意味になるように，＿＿に適切な語を書きなさい。(10点 × 4)

(1) My brother is able to swim fast.

　= My brother ＿＿＿＿＿ ＿＿＿＿＿ fast.

(2) You have to clean your room.

　= You ＿＿＿＿＿ ＿＿＿＿＿ your room.

(3) Don't speak Japanese in this class.

　= You ＿＿＿＿＿ ＿＿＿＿＿ speak Japanese in this class.

(4) Let's have lunch here.

　= ＿＿＿＿＿ ＿＿＿＿＿ have lunch here ?

3 次の英文を日本語にしなさい。(10点 × 3)

(1) You don't have to get up early tomorrow.

[　　　　　　　　　　　　　　　　　　　　　　　　　]

(2) It may be rainy this afternoon.

[　　　　　　　　　　　　　　　　　　　　　　　　　]

(3) I would like to have a cup of coffee with sugar.

[　　　　　　　　　　　　　　　　　　　　　　　　　]

15 形 容 詞 ②

1 次の日本語の意味を表す英語を右から選び， に書きなさい。(5点 × 5)

(1) 驚くべき ....

(2) かわいい ....

(3) 深い ....

(4) 晴れた ....

(5) 役に立つ ....

cloud	exciting
clear	deep
dark	strong
amazing	low
cute	useful

2 次の日本文に合うように， に適切な語を書きなさい。(7点 × 5)

(1) この橋の長さは約250メートルです。

This bridge is about 250 meters ....

(2) その犬はとても空腹そうに見えました。

The dog looked very ....

(3) 英語は私の大好きな科目です。　English is my .... subject.

(4) 私たちはよい1日を過ごしました。　We had a .... day.

(5) あの女の子はとても気さくです。　That girl is very ....

3 次の下線部の語(句)を日本語にし，日本文を完成しなさい。(8点 × 5)

(1) It's dangerous for us to swim across the river.

私たちがその川を泳いで渡ることは [　　　　　　　　] です。

(2) Is it true that he is dead ?

彼が [　　　　　　　　] というのは本当ですか。

(3) This table looks expensive.

このテーブルは [　　　　　　　　] そうに見えます。

(4) The stars in the sky are bright.　空に浮かぶ星は [　　　　　　　　]。

(5) Human technologies help us in our daily life.

[　　　　　　　　] 技術は，日常の生活で私たちを助けてくれます。

副　詞 ②

合格点 **80** 点
得 点
点
解答 ➡ P.68

1 次の英語を日本語にしなさい。(4点×4)

(1) clearly [　　　　　　　　] (2) outside [　　　　　　　　]

(3) twice [　　　　　　　　] (4) ever [　　　　　　　　]

2 次の日本文に合うように，........に適切な語を書きなさい。(8点×3)

(1) 郵便局は1キロメートルはなれたところにあります。

The post office is one kilometer ....

(2) あなたは再びオーストラリアへ行きましたか。

Did you go to Australia .... ?

(3) 私の姉はほとんど毎日ピアノの練習をします。

My sister practices the piano .... every day.

3 次の下線部の語を日本語にし，日本文を完成しなさい。(9点×4)

(1) My parents don't take me underlineanywhere.

私の両親は私を [　　　　　　　　　　] 連れて行ってくれません。

(2) Please come downstairs right now.

今すぐに [　　　　　　　] 来てください。

(3) Actually, I've never been abroad.

[　　　　　　　　　　]，私は一度も外国へ行ったことがありません。

(4) Walk straight along this street.

この通りに沿って [　　　　　　　　] 歩きなさい。

4 次の( )内の意味の語を下から選んで........に書き，英文を完成しなさい。

(1) .... a child understands that. （～でさえ） (6点×4)

(2) The students listened to Ms. Brown very .... （注意深く）

(3) Miku will remember this experience .... （永遠に）

(4) The teacher answered our questions .... （簡単に）

〔 forever, even, easily, carefully, once, alone 〕

合格点 80点
得点 点
解答 ➡ P.68

1 次の日本語を表す英語を右から選び，記号を書きなさい。(6点×5)

(1) 〜に由来する [　　　]
(2) 〜より多い [　　　]
(3) 〜でいっぱいの [　　　]
(4) 〜を脱ぐ [　　　]
(5) 〜を投げ捨てる [　　　]

ア more than 〜
イ be full of 〜
ウ throw 〜 away
エ come from 〜
オ take off 〜

2 次の( )内に共通して入る前置詞を____に書きなさい。(5点×4)

(1) Did you write (　　　) your grandmother ?
Don't listen (　　　) music here.
....

(2) This desk is made (　　　) wood.
We couldn't go out because (　　　) heavy snow.
....

(3) What are you looking (　　　) ?
This movie is famous (　　　) this scene.
....

(4) Do you agree (　　　) me ?
Can you help me (　　　) my work ?
....

3 次の下線部の語句を日本語にし，日本文を完成しなさい。(10点×5)

(1) Instead of speaking in English, speak in Japanese, please.
英語で話す [　　　　　　　]，日本語で話してください。

(2) I'm sure he's all right. 彼は大丈夫だと [　　　　　　　]。

(3) I'm afraid I can't come to the party.
[　　　　　　　] 私はそのパーティーには行けません。

(4) I eat bread for breakfast for example.
[　　　　　　　]，私は朝食にパンを食べます。

(5) I'm looking forward to seeing you soon.
あなたにもうすぐ会えるのを [　　　　　　　]。

18 名　詞 ④

1 次の英語の意味を右から選び，記号を書きなさい。(5点×6)

(1) mind [　　]
(2) mistake [　　]
(3) mountain [　　]
(4) sky [　　]
(5) friendship [　　]
(6) bank [　　]

ア	風	イ	友情	ウ	山
エ	窓	オ	空	カ	心
キ	銀行	ク	会社	ケ	まちがい
コ	体	サ	親友	シ	罪

2 次の日本語の意味を表す英語を右から選び，＿＿に書きなさい。(5点×6)

(1) エネルギー ....
(2) お母さん ....
(3) 会社 ....
(4) 道路 ....
(5) 違い ....
(6) 雪 ....

road	mom	rain
difference	field	snow
police	body	group
company	energy	power

3 次の日本文に合うように，＿＿に適切な語を書きなさい。(10点×2)

(1) 足元注意。

Watch your ....

(2) 彼は台所で何を作っているのですか。

What is he cooking in the .... ?

4 次の下線部の語を日本語にし，日本文を完成しなさい。(10点×2)

(1) Are you going to visit your <u>aunt</u> tomorrow?

あなたは明日, あなたの [　　　　　] を訪ねるつもりですか。

(2) Could you show me how to use this <u>machine</u>?

この [　　　　　] の使い方を教えてくださいませんか。

19 形容詞 ③

合格点 **80** 点
得点 点
解答 ➡ P.69

1 次の日本語の意味を表す語を右から選び， ......に書きなさい。(6点 × 5)

(1) いくつかの ....

(2) 大部分の ....

(3) 全部の ....

(4) それぞれの ....

(5) 半分の ....

half	whole
few	little
most	more
each	several

2 次の英文の( )内から適切な語を〇で囲みなさい。(5点 × 3)

(1) I have (some, any) money in my pocket.

(2) Do you have (some, any) pets ?

(3) Jack didn't have (some, any) water at that time.

3 次の日本文に合うように， ......に適切な語(句)を右から選んで書きなさい。

(1) 私たちには昼食を食べる時間があまりありませんでした。 (7点 × 5)

We didn't have .... time to eat lunch.

(2) 机の上には鉛筆が何本かあります。

There are .... pencils on the desk.

(3) 彼はこの町に多くの友だちがいます。

He has .... friends in this town.

(4) びんにはミルクが少し入っています。

There is .... milk in the bottle.

(5) 私には姉妹が 1 人もいません。 I have .... sisters.

many
much
a few
a little
no

4 次の下線部の語を日本語にし，日本文を完成しなさい。(10点 × 2)

(1) Yumi has <u>more</u> books than Rie.

由美は理恵より [ ] 本を持っています。

(2) There aren't <u>enough</u> cups for everyone.

みんなに行き渡るだけの [ ] カップがありません。

合格点 80 点
得 点
点
解答 ➡ P.69

1 次の英語(動詞)を日本語にしなさい。(4点×4)

(1) relax [　　　　　　] (2) appear [　　　　　　]

(3) lie [　　　　　　] (4) cry [　　　　　　]

2 次の日本文に合うように、 .... に適切な語を書きなさい。(8点×6)

(1) ジョンはその本の重要な点を見つけるかもしれません。

John may .... the important point of the book.

(2) 私たちはこの夏、富士山に登ることを計画しています。

We're planning to .... Mt. Fuji this summer.

(3) 互いに憎みあってはいけません。

You must not .... each other.

(4) その村の子どもたちは水を集めなければなりません。

The children in the village have to .... water.

(5) 最終列車を逃したくありません。

I don't want to .... the last train.

(6) 手を挙げなさい。

.... your hands.

3 次の下線部の語を日本語にし、日本文を完成しなさい。(9点×4)

(1) Several boys began to <u>fight</u>.

数人の少年が [　　　　　　　　　] 始めました。

(2) Kate <u>cut</u> the birthday cake.

ケイトは誕生日ケーキを [　　　　　　　　　] ました。

(3) I <u>wonder</u> what I can do for you.

私はあなたたちのために何ができる [　　　　　　　　　]。

(4) Don't <u>waste</u> water.

水を [　　　　　　　　　] はいけません。

21 まとめテスト ②

1 次の左側の語の下線部の発音と異なるものを1つずつ選び，記号を○で囲みなさい。(6点×5)

(1) piece 　　　〔 ア　lie　　　　イ　believe　　　ウ　peace　　　エ　easily 〕

(2) either 　　　〔 ア　mother　　イ　three　　　　ウ　weather　　エ　they 〕

(3) food 　　　〔 ア　woman　　イ　cool　　　　ウ　zoo　　　　エ　shoes 〕

(4) about 　　　〔 ア　town　　　イ　cloud　　　　ウ　group　　　エ　down 〕

(5) give 　　　〔 ア　sick　　　イ　hill　　　　ウ　listen　　　エ　rise 〕

2 次の英語を日本語にしなさい。(5点×8)

(1) reason 　[　　　　　　　]　　(2) scientist 　[　　　　　　　]

(3) difference 　[　　　　　　　]　　(4) temple 　[　　　　　　　]

(5) land 　[　　　　　　　]　　(6) mistake 　[　　　　　　　]

(7) kitchen 　[　　　　　　　]　　(8) bank 　[　　　　　　　]

3 次の日本文に合うように，………に適切な語を書きなさい。(5点×6)

(1) ビルは夏休みの間にどこへ行きましたか。

Where did Bill go during the summer ……………………… ?

(2) 川のそばの白い家は彼のものです。

The white house by the river is ……………………… .

(3) 今朝，道路は雪でおおわれていました。

This morning, the ……………………… was covered with snow.

(4) 私のおばは53歳です。

My ……………………… is fifty-three years old.

(5) 明日は雨が降るかもしれません。

It ……………………… rain tomorrow.

(6) 彼には宿題をするのに十分な時間があります。

He has ……………………… time to do his homework.

22 名　詞 ⑤

1 次の日本語の意味を表す英語を下から選び，_____ に書きなさい。(3点×4)

(1) 線路 _____

(2) 看板，標識 _____

(3) 運 _____

(4) 船 _____

> rest　　track　　luck　　ship　　train　　sign

2 次の英語を日本語にしなさい。(4点×8)

(1) hand ［　　　　　　　］

(2) dictionary ［　　　　　　　］

(3) restaurant ［　　　　　　　］

(4) lion ［　　　　　　　］

(5) tea ［　　　　　　　］

(6) store ［　　　　　　　］

(7) nose ［　　　　　　　］

(8) subject ［　　　　　　　］

3 次の日本文に合うように，_____ に適切な語を書きなさい。(7点×3)

(1) 上野に行くには何線に乗ったらいいですか。

Which _____ should I take to get to Ueno ?

(2) その労働者は木の下でひと休みしました。

The worker took a _____ under the tree.

(3) 父は明日スピーチをするつもりです。

My father will make a _____ tomorrow.

4 次の( )内の意味の語を下から選んで _____ に書き，英文を完成しなさい。

(1) Many people visit this _____ in summer. （浜辺） (7点×5)

(2) You need a _____ to take the *Shinkansen*. （切符）

(3) The black horse won the _____ . （競走）

(4) There are twenty students in the _____ . （教室）

(5) Stars were shining above my _____ . （頭）

〔 beach,　race,　classroom,　head,　card,　ticket,　oil,　leg 〕

1 次の下線部の語を日本語にし，日本文を完成しなさい。(6点×7)

(1) <u>Who</u> is that man with John ?　ジョンといるあの男性は [　　　　　] ですか。

(2) <u>Which</u> do you like better, dogs or cats ?
あなたは犬と猫とでは [　　　　　] 好きですか。

(3) <u>When</u> do you do your homework ?　あなたは [　　　　　] 宿題をしますか。

(4) <u>Where</u> do you live ?　あなたは [　　　　　] 住んでいますか。

(5) <u>Why</u> did you make a mistake ?　あなたは [　　　　　] まちがえたのですか。

(6) <u>Whose</u> guitar is that ?　あれは [　　　　　] ギターですか。

(7) <u>How</u> do you come to school ?　あなたは [　　　　　] 学校に来ますか。

2 次の日本文に合うように，......... に適切な語を書きなさい。(9点×4)

(1) あなたはその競技場へはどのくらい(の頻度で)行きますか。

.... often do you go to the stadium ?

(2) 私はケイトがどこで生まれたのか知りません。

I don't know .... Kate was born.

(3) あなたはどちらの映画が見たいですか。

.... movie do you want to see ?

(4) なぜ遅れたのか言いなさい。　Tell me .... you were late.

3 次の日本文に合うように，(　)内の語を並べかえなさい。(11点×2)

(1) メグはそのとき何をしたらいいかわかりませんでした。

Meg didn't know (do,　what,　to) at that time.

Meg didn't know .... at that time.

(2) だれの赤ちゃんの面倒を見ているのですか。

(baby,　you,　are,　whose,　care,　of,　taking) ?

....

1 次の英文の( )内から適切な語を〇で囲みなさい。(4点×6)

(1) He comes (in, from) Russia.

(2) This song is popular (between, among) young people in Japan.

(3) There is a hospital (among, between) the museum and the station.

(4) My idea is very different (to, from) yours.

(5) I went to Canada (between, during) the summer vacation.

(6) He found the answer (to, by) himself.

2 次の日本文に合うように, ... に適切な語を下から選んで書きなさい。
ただし, それぞれの語は1度ずつしか使えません。 (6点×6)

(1) ジャックは川のそばに住んでいます。 Jack lives .... the river.

(2) 私たちは昼食前に公園へ行きました。

We went to the park .... lunch.

(3) 私の家は学校の近くです。 My house is .... the school.

(4) この道に沿って歩きましょう。 Let's walk .... this street.

(5) この湖は海みたいです。 This lake is .... the ocean.

(6) あなたは私の意見に賛成ですか。 Are you .... my opinion ?

〔 along, before, like, by, for, near 〕

3 次の下線部の語句を日本語にし, 日本文を完成しなさい。(10点×4)

(1) I read this English book <u>without using</u> a dictionary.

私は辞書を 〔　　　　　　　　　　〕 この英語の本を読みました。

(2) The students <u>wrote reports in English</u>.

生徒たちは 〔　　　　　　　　　　〕。

(3) Did you look at <u>the sign on the door</u> ?

あなたは 〔　　　　　　　　〕 を見ましたか。

(4) A plane is <u>flying over the mountain</u>. 飛行機が 〔　　　　　　　　　　〕。

-24-

合格点 **80** 点
得点　　点
解答 ➡ P.70

1 次の各組の語の下線部の発音が同じものを４つ選び，その記号を○で囲みなさい。(6点×4)

ア　cat<u>s</u>　dog<u>s</u>　　イ　th<u>a</u>nk　f<u>a</u>n　　ウ　l<u>a</u>ke　d<u>a</u>nger

エ　h<u>air</u>　c<u>are</u>　　オ　boy<u>s</u>　buse<u>s</u>　　カ　w<u>ar</u>m　f<u>ar</u>m

キ　look<u>ed</u>　end<u>ed</u>　　ク　<u>a</u>nswer　f<u>a</u>ther　　ケ　m<u>o</u>st　<u>o</u>wn

2 次の左側の語の下線部の発音と同じものを１つずつ選び，記号を○で囲みなさい。(10点×3)

(1) bike<u>s</u>　〔ア　boy<u>s</u>　　イ　clock<u>s</u>　　ウ　letter<u>s</u>　　エ　day<u>s</u>〕

(2) catch<u>es</u>　〔ア　lik<u>es</u>　　イ　com<u>es</u>　　ウ　wash<u>es</u>　　エ　open<u>s</u>〕

(3) live<u>d</u>　〔ア　cook<u>ed</u>　　イ　play<u>ed</u>　　ウ　want<u>ed</u>　　エ　push<u>ed</u>〕

3 次の英文の下線部の語のうち最も強く発音する語を選び，記号を○で囲みなさい。(8点×2)

(1) What time did your mother go to bed last night ?

　— <u>She</u> <u>went</u> to bed at <u>ten</u> last <u>night</u>.
　　　ア　　イ　　　　　　ウ　　　　エ

(2) Do you come to school by bike ?

　— No. I <u>usually</u> <u>come</u> to <u>school</u> by <u>bus</u>.
　　　　　　ア　　　イ　　　　ウ　　　エ

4 次の英文の下線部の語の発音と同じものを下から選び，記号で答えなさい。

(1) I r<u>ea</u>d an interesting book yesterday.　　　　　　　　　(10点×3)

　ア　t<u>ea</u>m　　イ　h<u>ea</u>d　　ウ　t<u>ea</u>　　エ　m<u>ea</u>n　　〔　　〕

(2) Do you ha<u>ve</u> to practice *kendo* every day ?

　ア　gi<u>ve</u>　　イ　e<u>v</u>ent　　ウ　enou<u>gh</u>　　エ　dri<u>ve</u>　　〔　　〕

(3) We h<u>ear</u>d the sad news last night.

　ア　cl<u>ear</u>　　イ　h<u>ear</u>t　　ウ　app<u>ear</u>　　エ　l<u>ear</u>n　　〔　　〕

1 次の英文の( )内から適切な語を○で囲みなさい。(5点×6)

(1) Our team practiced hard, (so, but, because) we won the tournament.

(2) Jane met Jim (if, that, when) she was twenty years old.

(3) Everything was ready (before, by, for) the party began.

(4) (Though, But, So) they are poor, they are happy.

(5) I couldn't buy the bag (so, but, because) it was expensive.

(6) You'll get better (though, if, so) you take this medicine.

2 次の下線部の語句を日本語にし,日本文を完成しなさい。(10点×4)

(1) If it rains tomorrow, they won't come.

[　　　　　　　　　　　　　　],彼らは来ないでしょう。

(2) Watch TV after you finish your homework.

[　　　　　　　　　　　]テレビを見なさい。

(3) My brother played in the park until it got dark.

弟は[　　　　　　　　]公園で遊んでいました。

(4) While I was listening to music, my sister was reading.

[　　　　　　　　　　　　　],私の姉は読書をしていました。

3 次の日本文に合うように,( )内の語(句)に1語を加えて並べかえなさい。

(1) ケイトはピアノもバイオリンも両方弾くことができます。　　(10点×3)

Kate (play, the violin, can, the piano, both).

Kate _____ .

(2) 今出発しなさい,さもないと遅れますよ。

(now, late, you, start, be, will / ,).

_____

(3) 私は彼が韓国出身だと知っています。　I (he's, that, Korea, from).

I _____ .

27 熟 語 ③

合格点 **80**点
得 点
点
解答 ➡ P.71

1 次の日本語を表す英語を右から選び，記号を書きなさい。(7点×6)

(1) ～のような…　　　　　[　　　]
(2) 最近　　　　　　　　　[　　　]
(3) 結局　　　　　　　　　[　　　]
(4) (電車やバス)を降りる　[　　　]
(5) ～し続ける　　　　　　[　　　]
(6) 最善を尽くす　　　　　[　　　]

ア	get off ～
イ	... such as ～
ウ	these days
エ	in the end
オ	keep ～ing
カ	do *one*'s best

2 次の日本文に合うように，(　)内から適切な語を○で囲みなさい。

(1) 彼に助けを求めなさい。　(Get, Ask) him for help.　　　　(5点×5)
(2) 連絡を取り合いましょう。　Let's (keep, make) in touch.
(3) あなたの夢は実現するでしょう。　Your dream will (come, take) true.
(4) 制服を着なさい。　(Wear, Put) on your uniform.
(5) 私は明日，スピーチをする予定です。
　I'm going to (tell, make) a speech tomorrow.

3 次の日本文に合うように，(　)内の語(句)を並べかえなさい。(11点×3)

(1) あなたはロンドンへ行ったことがありますか。
　(you, to, London, have, ever, been)?

....

(2) あなたはあさってひまですか。
　(after, free, you, be, the day, will, tomorrow)?

....

(3) あなたがすぐによくなるといいなと思います。
　(soon, hope, well, that, you'll, I, get).

....

28 名　詞 ⑥

1 次の日本語の意味を表す英語を右から選び，……に書きなさい。(5点×5)

(1) 耳　　　……………………………

(2) ケース，容器　……………………………

(3) ノート　……………………………

(4) 皿，料理　……………………………

(5) レポート　……………………………

report	message
box	dish
cup	case
ear	eye
news	notebook

2 次の日本文に合うように，……に適切な語を書きなさい。(7点×5)

(1) 彼女は9時から5時まで電話に出ます。

　　She answers the ……………………… from nine to five.

(2) 私たちはたくさんのペットボトルを集めました。

　　We collected many plastic ……………………… .

(3) 祖母は彼女の庭で米を育てています。

　　My grandmother grows ……………………… in her garden.

(4) 火のそばに座ってください。　Sit by the ……………………… , please.

(5) 私は牛乳入りのコーヒーを飲みます。

　　I drink coffee with ……………………… .

3 次の下線部の語を日本語にし，日本文を完成しなさい。(10点×4)

(1) There are a lot of <u>monkeys</u> in this mountain.

　　この山にはたくさんの [　　　　　　　　　　] がいます。

(2) Two pictures are on the <u>wall</u> in our classroom.

　　2枚の絵が私たちの教室の [　　　　　　　　　　] にかかっています。

(3) Do you have this T-shirt in a bigger <u>size</u> ?

　　このTシャツのもっと大きい [　　　　　　　　　　] はありますか。

(4) You should find her good <u>points</u>.

　　あなたは彼女のよい [　　　　　　　　　　] を見つけるべきです。

代 名 詞 ③

1 次の英文の( )に入れるのに適切な語(句)を選び，記号を○で囲みなさい。

(1) She is a friend of (   ).　　　　　　　　　　　　　　　　(7点×5)

　　ア　I　　　　　イ　my　　　　　ウ　me　　　　　エ　mine

(2) This movie is more interesting than (   ) I watched last week.

　　ア　one　　　イ　the one　　　ウ　this　　　　エ　which

(3) Would you like (   ) piece of cake ?

　　ア　other　　　イ　the other　　ウ　another　　エ　one another

(4) (   ) of my friends agreed with me, but others didn't.

　　ア　Some　　イ　Any　　　　ウ　Each　　　　エ　All

2 次の英文の＿＿＿に適切な語(句)を下から選び，＿＿＿に書きなさい。ただし，それぞれの語は1度ずつしか使えません。(7点×5)

(1) Please take good care of ＿＿＿＿＿＿＿＿ .

(2) What language do ＿＿＿＿＿＿＿＿ speak in China ?

(3) ＿＿＿＿＿＿＿＿ was raining when I left home.

(4) ＿＿＿＿＿＿＿＿ played soccer with you yesterday ?

(5) ＿＿＿＿＿＿＿＿ knows what happened then.

　　〔 which, they, who, yourself, myself, the one, it, nobody 〕

3 次の日本文に合うように，＿＿＿に適切な語を書きなさい。(10点×3)

(1) ボールのうち1つは黒で，ほかは青です。

　　One of the balls is black and the ＿＿＿＿＿＿＿＿ are blue.

(2) 2人の少年は両方とも英語が得意です。

　　＿＿＿＿＿＿＿＿ of the boys are good at English.

(3) 今あなたの将来について考えることが必要です。

　　＿＿＿＿＿＿＿＿ is necessary to think about your future now.

30 動　詞 ⑤

1 次の英語を日本語にしなさい。(6点×4)

(1) continue 　[　　　　　]　(2) hurry 　[　　　　　]

(3) protect 　[　　　　　]　(4) ring 　[　　　　　]

2 次の下線部の語を日本語にし，日本文を完成しなさい。(9点×4)

(1) I hope Donna's smile won't <u>disappear</u> forever.

私はドナの笑顔が永遠に [　　　　　] ないことを願います。

(2) We can <u>produce</u> more cars with this technology.

私たちはこの技術でもっと多くの車を [　　　　　] ことができます。

(3) I can't <u>imagine</u> a life without computers.

私はコンピューターのない生活を [　　　　　] ことができません。

(4) Don't <u>burn</u> a lot of paper here.

ここでは大量の紙を [　　　　　] てはいけません。

3 次の日本文に合うように，..........に適切な語を書きなさい。(8点×5)

(1) このテーブルに新聞を広げないでください。

Don't .... a newspaper on this table.

(2) この道があなたを町へ導くでしょう。

This road will .... you to the town.

(3) この部屋に入らないでください。

Don't .... this room.

(4) あなたたちはいつこの町に到着したのですか。

When did you .... this town ?

(5) この部屋をきれいにしておきなさい。

.... this room clean.

合格点 **80**点

得 点

点

解答 ➡ P.72

1 次の対話文が成り立つように，（ ）内から適切な語を○で囲みなさい。

(1) *A*：(Can, Shall) you teach me math ?　　*B*：Sure.　　　　　(6点 × 6)

(2) *A*：(Must, May) I speak to Jane, please ?　　*B*：Speaking.

(3) *A*：(Shall, Will) we take a rest ?　　*B*：Yes, let's.

(4) *A*：(Can, Must) I speak in English ?　　*B*：No, you don't have to.

(5) *A*：(Would, Should) you open the window ?　　*B*：No problem.

(6) *A*：(Will, May) you stay with us tonight ?　　*B*：No, I won't.

2 次の日本文に合うように，（ ）内の語(句)に1語を加えて並べかえなさい。

(1) 私の祖母はインターネットを使うことができませんでした。　　(8点 × 3)

　　(my grandmother, the Internet, use, not).

　　...

(2) あなたは帰宅するつもりですか。　　(are, home, you, to, go)?

　　...

(3) あなたは何を食べたいですか。　　(like, eat, you, to, what)?

　　...

3 次の英文を（ ）内の指示に従って書きかえるとき，.......... に適切な語を書きなさい。(10点 × 4)

(1) I think Jack will become a nurse. （過去の文に）

　　I .... Jack .... become a nurse.

(2) My uncle must go to France. （過去の文に）

　　My uncle .... go to France.

(3) Your sister can speak English. （未来を表す文に）

　　Your sister will .... speak English.

(4) I don't know how to play the guitar. （助動詞を使ってほぼ同じ意味の文に）

　　I .... the guitar.

32 まとめテスト③

合格点 80点

得点　　　　点

解答 ➡ P.72

1 次の英語を日本語にしなさい。(4点×8)

(1) disappear [　　　　　　] (2) milk [　　　　　　]

(3) classroom [　　　　　　] (4) imagine [　　　　　　]

(5) subject [　　　　　　] (6) head [　　　　　　]

(7) luck [　　　　　　] (8) bottle [　　　　　　]

2 次の日本文に合うように，.........に適切な語を書きなさい。(8点×5)

(1) 私はあのレストランで10年前に働いていました。

I worked for that .... ten years ago.

(2) その女の子たちは両方とも料理が得意です。

.... of the girls are good at cooking.

(3) あなたは何を飲みたいですか。

What .... you like to drink ?

(4) 彼がここに到着するまで待つことができません。

I can't wait for him .... he gets here.

(5) 私は母のような女性になりたいです。

I want to be a woman .... my mother.

3 次の下線部の語(句)を日本語にし，日本文を完成しなさい。(7点×4)

(1) Your dream will <u>come true</u>.

あなたの夢は [　　　　　　　　　　] でしょう。

(2) I'm <u>for</u> your opinion.

私はあなたの意見に [　　　　　　　　　　] です。

(3) My brother will <u>be able to</u> sing the song.

私の弟はその歌を歌うことが [　　　　　　　　　　] でしょう。

(4) I don't know <u>what to do</u> next.

私は次に [　　　　　　　　　] わかりません。

-32-

33 名　詞 ⑦

1 次の英語の意味を右から選び，記号を書きなさい。(4点×5)

(1) program [　　　]

(2) information [　　　]

(3) light [　　　]

(4) cloud [　　　]

(5) earth [　　　]

ア	番組	イ	地球
ウ	岩	エ	情報
オ	雲	カ	電灯，明かり
キ	飛行機の便，空の旅	ク	月
ケ	技術	コ	死

2 次の日本語を英語にしなさい。(4点×4)

(1) 果物 ....

(2) 芸術 ....

(3) フットボール ....

(4) 記憶(力)，思い出 ....

3 次の日本文に合うように，.......... に適切な語を書きなさい。(8点×3)

(1) 私たちはまもなくホテルに到着します。

We will get to the .... soon.

(2) 私たちは戦争に反対です。

We are against ....

(3) 私の妹はヨーロッパに３回行ったことがあります。

My sister has been to .... three times.

4 次の( )内の意味の語を下から選んで.......... に書き，英文を完成しなさい。

(1) Sue is my .... （クラスメート）　　　　(8点×5)

(2) My father went to the .... to meet Tom. （空港）

(3) Did you see the traffic .... yesterday？ （事故）

(4) What are you going to do this ....？ （週末）

(5) Do you know the .... on my sweater？ （印）

〔 weekend, classmate, airport, holiday, mark, accident 〕

34 形容詞 ④

合格点 80点　得点　点　解答 ➡ P.73

1 次の形容詞の比較級と最上級を書きなさい。(4点×5)

(1) tall ....
(2) pretty ....
(3) big ....
(4) many ....
(5) useful ....

2 次の〔 〕内の語を必要があれば適切な形にかえて， に書きなさい。

(1) Baseball is as .... as soccer. 〔exciting〕　(6点×5)
(2) I think you are a .... player than Ken. 〔good〕
(3) Health is .... than money. 〔important〕
(4) We think this video game is the .... of all. 〔good〕
(5) This is one of the .... festivals in Japan. 〔famous〕

3 次の英語の反意語を に書きなさい。(4点×8)

(1) fast .... (2) strong ....
(3) wrong .... (4) junior ....
(5) long .... (6) low ....
(7) busy .... (8) quiet ....

4 次の英語と意味の近い語を右から選び，記号を書きなさい。(3点×6)

(1) large [　]
(2) kind [　]
(3) beautiful [　]
(4) happy [　]
(5) hard [　]
(6) sunny [　]

ア dark	イ nice
ウ glad	エ small
オ angry	カ difficult
キ bad	ク easy
ケ big	コ clear
サ sad	シ pretty

-34-

副　詞 ③

1 次の日本文に合うように，＿＿に適切な語を右から選んで書きなさい。

(1) 彼女もそのCDを聞いていました。　　　　　　　　　　　(9点×3)

She was listening to the CD, ＿＿＿＿＿＿ .

(2) ボブはこのマンガ本を読んだことがありません。ジェーンもそうです。

Bob hasn't read this comic book and Jane hasn't, ＿＿＿＿＿ .

(3) あなたの演奏もまたすばらしかったです。

Your performance was ＿＿＿＿＿ wonderful.

```
too
also
either
```

2 次の日本文に合うように，（ ）内の語(句)に1語を加えて並べかえなさい。

(1) あなたは今までにカナダへ行ったことがありますか。　　(9点×5)

(been,　to,　you,　have,　Canada)?

(2) 彼はちょうど昼食を食べ終えたところです。

(has,　eating,　lunch,　finished,　he).

(3) 泳ぐには寒すぎました。(was,　swim,　cold,　it,　to).

(4) 私は以前彼と話したことがあります。I (with,　have,　him,　talked).

I ＿＿＿＿＿ .

(5) 私はスミス先生に2日前に会いました。(I, Mr. Smith, two, met, days).

3 〔 〕内の語を入れるのに最も適切な位置に／を入れなさい。(7点×4)

(1) I go shopping when I am free. 〔often〕

(2) Our teacher is at school until seven o'clock. 〔usually〕

(3) She was not old to drive. 〔enough〕

(4) My father is working. 〔still〕

36 熟　語 ④

1 次の日本語の内容を表す英語を下から選び, 記号を書きなさい。(4点×5)

(1) 相手に「あなたのことは聞いていました。」と伝えるとき。 [　　　]

(2) 相手に名前をたずねるとき。 [　　　]

(3) 相手に「また会いに来て。」と伝えるとき。 [　　　]

(4) 相手に「いつかまた会いましょう。」と伝えるとき。 [　　　]

> ア　Come and see me again. 　　イ　May I have your name ?
> ウ　Let's meet some other time. 　　エ　I heard about you.

2 次の日本文に合うように, ( )内から適切な語を〇で囲みなさい。

(1) 私たちの家族は休暇で京都を訪れました。 (7点×5)

Our family visited Kyoto (on, in) holiday.

(2) 私は中国史に興味があります。　I'm interested (in, at) Chinese history.

(3) その動物は猫に似ています。　The animal looks (at, like) a cat.

(4) 私は1人暮らしです。　I live (in, by) myself.

(5) トムのとなりに座ってください。　Please sit next (of, to) Tom.

3 次の日本文に合うように, ... に適切な語句を下から選んで書きなさい。

(1) 向こうで本を読んでいる女の子はだれですか。 (9点×5)

Who's the girl reading a book .... ?

(2) 私たちは学校へ行く途中でその男性を見ました。

We saw the man .... school.

(3) 私は1日中家にいました。　I stayed home ....

(4) 両親は初めてこの町を訪れました。

My parents visited this town ....

(5) 少なくとも500人がパーティーに参加しました。

.... five hundred people joined the party.

> at least 　　over there 　　for the first time 　　all day 　　on the way to

合格点 80 点
得点　　　点
解答 ➡ P.73

1 次の日本語の意味を表す英語を下から選び，.......に書きなさい。(5点×6)

(1) おもちゃ　.................................　(2) 音楽会，演奏会　.................................

(3) 部分　.................................　(4) 冒険　.................................

(5) パン　.................................　(6) 飛行機便，飛行　.................................

adventure	class	shape	magic
flight	concert	bread	toy
part	trip	hope	performance

2 次の下線部の語を日本語にし，日本文を完成しなさい。(10点×3)

(1) We have three <u>meals</u> every day.

　私たちは毎日3回 [　　　　　　　　　] をします。

(2) I bought this car at a low <u>price</u>.

　私はこの車を安い [　　　　　　　　　] で買いました。

(3) We have to protect the <u>environment</u>.

　私たちは [　　　　　　　　　] を保護しなければならない。

3 次の日本文に合うように，.......に適切な語を書きなさい。(10点×4)

(1) 彼は娘に誕生日のプレゼントとしてこの人形をあげるつもりです。

　He'll give this .... to his daughter as a birthday present.

(2) 外は雪が降っていたのに，彼女はコートを着ていませんでした。

　She didn't wear a .... though it snowed outside.

(3) 日本の政府はほかのいくつかの貧しい国々を助けています。

　The Japanese .... helps some other poor countries.

(4) 私たちは毎週日曜日の午前中に教会へ行きます。

　We go to .... on Sunday mornings.

形 容 詞 ⑤

合格点 80点
得点
点
解答 ➡ P.74

1 次の英文の( )内から適切な語を〇で囲みなさい。(8点×5)

(1) The TV program was very (exciting, excited).

(2) Your sister is a (good, well) tennis player.

(3) What a (cute, clear) cat it is !

(4) It is (needed, necessary) for him to take the test.

(5) My house is (close, closed) to the station.

2 次の各組の下線部の語を，意味の違いがわかるように日本語にしなさい。

(1) Raise your right hand. (12点×3)

あなたの [   ] 手を挙げなさい。

Your opinion is right, but I don't agree with you.

あなたの意見は [   ] が，私は同意しません。

(2) It's a fine day today.　今日は [   ] 日です。

My family is all fine.　私の家族はみんな [   ] です。

(3) This bed is so hard that I can't sleep on it.

このベッドは [   ] すぎて眠ることができません。

Speaking French is too hard for me.

フランス語を話すのは私には [   ] すぎます。

3 次の日本文に合うように，( )内の語を並べかえなさい。(12点×2)

(1) 私の祖父は戦争は恐ろしいと言います。

My grandfather says (that, war, terrible, is).

My grandfather says ....

(2) このコンピューターにはどこか故障があります。

(something, is, there, wrong) with this computer.

.... with this computer.

39 動　詞 ⑥

合格点 80点
得点
点
解答 ➡ P.74

1 次の動詞の過去形と過去分詞を書きなさい。(6点×4)

(1) be .... / ....

(2) bring ....

(3) cut ....

(4) speak ....

2 A欄の関係にならって，B欄の......に適切な単語を書きなさい。(6点×4)

A	B
(1) make —— making	swim —— ....
(2) take —— took	break —— ....
(3) see —— seen	do —— ....
(4) meet —— met	teach —— ....

3 次の英文の(　)内の語を適切な形にかえて，......に書きなさい。(7点×4)

(1) The party was .... at the hotel. （hold）

(2) We've never .... such delicious fruit. （eat）

(3) Have you enjoyed .... in Hokkaido ? （ski）

(4) The singer is .... to everyone in the country. （know）

4 次の英文を(　)内の指示に従って書きかえるとき，......に適切な語を書きなさい。(8点×3)

(1) No one knows about the accident.（過去の文に）

No one .... about the accident.

(2) A lot of trees died in the forest.（過去進行形の文に）

A lot of trees were .... in the forest.

(3) Bob writes to his uncle every month.（下線部をlastにかえて）

Bob .... to his uncle last month.

-39-

40 前置詞 ③

合格点 80点
得点
点
解答 ➡ P.74

1 次の日本文に合うように，........に適切な語を下から選んで書きなさい。

(1) 私はこの図書館で 3 年間働いています。 (8点×6)

I have worked at this library .... three years.

(2) 弟は中国の歴史についての本をほしがっています。

My brother wants a book .... Chinese history.

(3) 国中からここにボランティアが来ました。

Volunteers came here from all .... the country.

(4) 彼はバレー部の一員です。　He is .... the volleyball team.

(5) 彼女はにっこり笑って，「はい」と言いました。

She said, "Yes," .... a smile.

(6) 3 時まで彼女を待ちましょう。

Let's wait for her .... three o'clock.

〔 about,　for,　over,　on,　until,　with 〕

2 次の日本文に合うように，（　）内の語(句)を並べかえなさい。(13点×2)

(1) 人々はインターネットを通じて，役に立つ情報を得ることができます。

People (get,　useful,　can,　through,　information,　the Internet).

People ....

(2) 彼女は日本に来てからずっとここに住んでいます。

(she,　lived,　here,　came,　Japan,　to,　she,　since,　has).

....

3 次の英文を日本語にしなさい。(13点×2)

(1) The baby will be able to walk in a few months.

[　　　　　　　　　　　　　　　　　　　　　　　　]

(2) Don't talk with a lot of food in your mouth.

[　　　　　　　　　　　　　　　　　　　　　　　　]

1 次の日本文に合うように，.........に適切な語(句)を下から選んで入れなさい。(8点×5)

(1) たとえ忙しくても，毎日3食食べないといけません。

You must have three meals every day _____ you're busy.

(2) 暗くなるにつれて，寒くなりました。

It got colder _____ it got dark.

(3) 明日の午前中まで雨が降るでしょう。

It will rain _____ tomorrow morning.

(4) あなたがおふろに入っている間に，ジムから電話がありました。

Jim called you _____ you were taking a bath.

(5) 野球もサッカーも日本では人気があります。

Both baseball _____ soccer are popular in Japan.

〔while, as, and, even if, until〕

2 次の日本文に合うように，(　)内の語(句)を並べかえなさい。(15点×2)

(1) 彼は眠かったけれど，眠ることができませんでした。

(he, he, couldn't, though, sleepy, was, sleep / ,).

....

(2) 彼は英語だけでなく，フランス語も話せます。

(speak, English, not, but also, can, only, he) French.

.... French.

3 次の英文を日本語にしなさい。(15点×2)

(1) You'll like this place once you live here.

[　　　　　　　　　　　　　　　　　　　　　　　　]

(2) As soon as we arrived at the hotel, we went swimming.

[　　　　　　　　　　　　　　　　　　　　　　　　]

42 発音・アクセント ②

1 次の各組の語の下線部の発音が同じものを４つ選び，その記号を○で囲みなさい。(6点×4)

ア houses cakes　　イ think weather　　ウ break case

エ cloud coat　　オ practiced washed　　カ first person

キ mother radio　　ク heart part　　ケ music luck

2 次の左側の語の下線部の発音と同じものを１つずつ選び，記号を○で囲みなさい。(6点×4)

(1) though　〔ア together　イ through　ウ month　エ thought〕

(2) sunny　〔ア sugar　イ think　ウ city　エ shine〕

(3) program〔ア call　イ boat　ウ thought　エ ball〕

(4) cute　〔ア uncle　イ useful　ウ push　エ study〕

3 次の語の中で第２音節を最も強く発音するものを３つ選び，その記号を○で囲みなさい。(8点×3)

ア bas-ket-ball　イ mem-o-ry　ウ stu-dent　エ ques-tion

オ com-put-er　カ to-mor-row　キ some-times　ク Jap-a-nese

ケ yes-ter-day　コ air-port　サ a-gain

4 次の英文の下線部の語のうち最も強く発音する語を選び，記号を○で囲みなさい。(7点×4)

(1) Do you go to the park every day ?　— No. I go there on Sundays.
　　　　　　　　　　　　　　　　　　　　　　　ア イ　ウ　　　エ

(2) What's your favorite subject ?　— My favorite subject is science.
　　　　　　　　　　　　　　　　　　　ア　イ　　　ウ　　　エ

(3) How often have you been to America ?　— I've been there three times.
　　　　　　　　　　　　　　　　　　　　　ア　　　イ　　ウ　　エ

(4) Is this racket yours ?　— No, it's not mine.　It's my brother's.
　　　　　　　　　　　　　ア　　　　イ　　　ウ　エ

43 まとめテスト ④

1 次の英語を日本語にしなさい。(4点×8)

(1) government [　　　　　　] (2) earth [　　　　　　]

(3) memory [　　　　　　] (4) toy [　　　　　　]

(5) adventure [　　　　　　] (6) price [　　　　　　]

(7) invite [　　　　　　] (8) war [　　　　　　]

2 次の日本文に合うように，........に適切な語を書きなさい。(8点×5)

(1) あなたは車を運転することができますか。

Is it .... for you to drive a car ?

(2) 私たちは6時までここにいます。

We are here .... six o'clock.

(3) 私も泳げません。

I cannot swim, ...

(4) 私の家は駅の近くです。

My house is .... to the station.

(5) 私は初めて英語でスピーチをしました。

I made a speech in English .... the first time.

3 次の下線部の語(句)を日本語にし，日本文を完成しなさい。(7点×4)

(1) He was so tired that he went to bed early.

彼は [　　　　　　　　　　　] 早く寝ました。

(2) How was your flight ?

[　　　　　　　　　　　　　] はいかがでしたか。

(3) Are you still eating lunch ?

あなたは [　　　　　　　　　] 昼食を食べているのですか。

(4) There is something wrong with this machine.

この機械は [　　　　　　　　] 。

名 詞 ⑨

1 次の英語の意味を右から選び，記号を書きなさい。(3点×5)

(1) cloth [　　　]

(2) shape [　　　]

(3) rock [　　　]

(4) magic [　　　]

(5) death [　　　]

ア 話，物語	イ 形，姿
ウ 死	エ 服
オ 岩	カ 魔法
キ 布	ク 計画，予定

2 次の日本語を英語にしなさい。(4点×6)

(1) 年齢 ....

(2) 電気 ....

(3) 音楽家 ....

(4) 神 ....

(5) 平和 ....

(6) 習慣，慣習 ....

3 次の日本文に合うように，.......... に適切な語を書きなさい。(7点×3)

(1) このいすは木でできています。

This chair is made of ....

(2) どうしたの。

What's the .... ?

(3) 私はもっと野菜を食べなくてはなりません。

I have to eat more ....

4 次の( )内の意味の語を下から選んで..........に書き，英文を完成しなさい。

(1) I understand your .... （意見） (8点×5)

(2) What's the .... of your visit to Japan ? （目的）

(3) Too much sun is bad for your .... （皮膚）

(4) John made an important speech at the .... （会，集会）

(5) There is a lot of .... in playing on the roof. （危険）

〔 skin, danger, ground, meeting, side, opinion, purpose 〕

動　詞 ⑦

合格点 80 点
得 点
点
解答 ➡ P.76

1 次の動詞の過去形と過去分詞を書きなさい。(8点×4)

(1) build ....　................................

(2) find ....　................................

(3) stand ....　................................

(4) hurt ....　................................

2 A欄の関係にならって，B欄の .... に適切な単語を書きなさい。(5点×4)

	A			B
(1)	play —— playing	lie	——	....
(2)	fight —— fought	keep	——	....
(3)	drink —— drinking	sit	——	....
(4)	begin —— begun	wear	——	....

3 次の英文を( )内の指示に従って書きかえるとき， .... に適切な語を書きなさい。(10点×3)

(1) It gets dark outside. （現在進行形の文に）

It is .... dark outside.

(2) Mary sings at the party tonight. （過去の文に）

Mary .... at the party tonight.

(3) They sell vegetables at the store. （受け身の文に）

Vegetables are .... at the store.

4 次の日本文に合うように， .... に適切な語を書きなさい。(9点×2)

(1) その本は多くの子どもたちに読まれています。

The book is .... by many children.

(2) 小犬が公園を走り回っています。

A little dog is .... around the park.

合格点 **80**点
得点
点
解答 ➡ P.76

1 次の日本文に合うように，_____に適切な語を書きなさい。(6点 × 7)

(1) 私たちは自然を守るべきです。 We _____ protect nature.

(2) 私は子どものころスペイン語を話すことができました。

I _____ speak Spanish when I was a child.

(3) 買い物に行きましょうか。 _____ we go shopping ?

(4) 彼は今疲れているかもしれません。 He _____ be tired now.

(5) あなたはもう寝なければなりません。

You _____ go to bed now.

(6) 私は全力を尽くすつもりです。 I _____ do my best.

(7) 私は海外旅行をしたいものです。 I _____ like to travel abroad.

2 次の下線部の語句を日本語にし，日本文を完成しなさい。(9点 × 4)

(1) You mustn't play baseball here.

ここでは野球を [ ]。

(2) May I visit you this weekend ?

この週末にあなたを [ ]。

(3) You don't have to bring anything to the party.

あなたはパーティーに何も [ ]。

(4) Will you show me the way to the station ?

駅への道順を私に [ ]。

3 次の各組の英文がほぼ同じ意味になるように，_____に適切な語を書きなさい。(11点 × 2)

(1) Beth can play the guitar.

= Beth is _____ _____ play the guitar.

(2) It's possible for Ken to answer the question.

= Ken _____ _____ the question.

47 形 容 詞 ⑥

1 次の日本語の意味を表す英語を右から選び，.......... に書きなさい。(6点×4)

(1) 怖がって　　..................................

(2) 完璧な　　　..................................

(3) 騒がしい　　..................................

(4) 共通の　　　..................................

common	noisy
special	perfect
famous	great
similar	afraid

2 次の下線部の語を日本語にし，日本文を完成しなさい。(8点×5)

(1) I read a <u>funny</u> story last night.

私は昨夜 [　　　　　　　　　　　] 話を読みました。

(2) My dog is <u>clever</u> enough to understand my words.

私の犬は私の言葉がわかるくらい [　　　　　　　　　　　] です。

(3) Can you please speak in a <u>simple</u> English ?

どうか [　　　　　　　　　　　] 英語で話してくれませんか。

(4) May I ask you some <u>personal</u> questions ?

あなたにいくつか [　　　　　　　　　　　] 質問をしてもいいですか。

(5) It is difficult for small children to keep <u>silent</u>.

小さな子どもたちが [　　　　　　　　　　　] いることは難しい。

3 次の日本文に合うように，.......... に適切な語を下から選んで書きなさい。

(1) 私は昨日，幸運でした。　I was .... yesterday.　　(9点×4)

(2) このお祭りでは，伝統的な踊りを楽しむことができます。

You can enjoy the .... dance in this festival.

(3) 私はとてもさびしそうな顔をした年老いた女性を見かけました。

I saw an old woman who looked very ....

(4) 彼女はその知らせを聞いて，とても喜びました。

She was very .... to hear the news.

〔 lucky,　friendly,　lonely,　glad,　alone,　traditional 〕

-47-

48 副　詞 ④

1 次の英語の反意語を線で結びなさい。(4点×3)

(1) on 　・　　　　　・ up

(2) in 　・　　　　　・ out

(3) down ・　　　　　・ off

2 次の英語と意味の近い語を下から選び，記号を書きなさい。(6点×4)

(1) sure 　[　　　]　　　　(2) maybe 　[　　　]

(3) fast 　[　　　]　　　　(4) truly 　[　　　]

ア	perhaps	イ	quickly	ウ	really
エ	easily	オ	certainly	カ	quietly

3 次の下線部の語を日本語にし，日本文を完成しなさい。(10点×4)

(1) Can you speak more slowly ?

もっと [　　　　　　　] 話してくれますか。

(2) He doesn't drive carefully. 　彼は [　　　　　　　] 運転しません。

(3) Beth, come forward and show your picture to your friends.

ベス，[　　　　　　　] 来て，友だちにあなたの絵を見せてあげなさい。

(4) Could you check these numbers closely ?

これらの数字を [　　　　　　　] チェックしていただけますか。

4 次の日本文に合うように，......... に適切な語を書きなさい。(8点×3)

(1) 私はいつか海外で働きたいです。

I want to work abroad ....

(2) 私はすでに仕事を終えました。　I've .... finished my work.

(3) 私たちはまだ昼食を食べていません。

We haven't eaten lunch ....

1 次の日本語を表す英語を右から選び，記号を書きなさい。(7点 × 6)

(1) 同時に　　　　　　　[　　　]

(2) すぐに　　　　　　　[　　　]

(3) 成長する　　　　　　[　　　]

(4) 必要で，困って　　　[　　　]

(5) しばらくして　　　　[　　　]

(6) 最後には，ついに　　[　　　]

ア	at once
イ	in need
ウ	grow up
エ	at last
オ	at the same time
カ	after a while

2 次の日本文に合うように，(　)内から適切な語を○で囲みなさい。

(1) あなたは決心しましたか。　　　　　　　　　　　　　　　(7点 × 4)

Did you make (up,　of) your mind ?

(2) この本は読むだけの価値があります。

This book is (worth,　for) reading.

(3) 私は生徒たちを誇りに思います。　I'm proud (about,　of) my students.

(4) 彼はその物語に感動しました。

He was impressed (with,　at) the story.

3 次の日本文に合うように，(　)内の語(句)を並べかえなさい。(10点 × 3)

(1) 私は野球やテニスなどができます。

I (baseball,　and,　can,　on,　tennis,　play,　so / ,).

I _____ .

(2) 私たちの学校はそのコンテストに参加しました。

(took,　our,　in,　part,　the contest,　school).

_____

(3) この伝統的な行事は毎年夏に行われます。

(traditional,　takes,　every,　event,　this,　place) summer.

_____ summer.

50 名　詞 ⑩

1 次の名詞の複数形を書きなさい。(4点×8)

(1) man ....

(2) foot ....

(3) wife ....

(4) house ....

(5) child ....

(6) shoe ....

(7) Japanese ....

(8) city ....

2 次の名詞の単数形を書きなさい。(4点×6)

(1) lives ....

(2) memories ....

(3) potatoes ....

(4) women ....

(5) teeth ....

(6) knives ....

3 次の_____に適切な語を入れて，日本語に合う表現を完成しなさい。

(1) オレンジジュース１缶　　a .... of orange juice　　(4点×4)

(2) 紅茶２杯　　　　　　　　two .... of tea

(3) ケーキ４個　　　　　　　four .... of cake

(4) くつ５足　　　　　　　　five .... of shoes

4 次の英文の表す語を，英語で書きなさい。(7点×4)

(1) This takes people to other places. It goes faster than a bus. It flies in the sky. ....

(2) When we play tennis, we use this and a ball. ....

(3) This person helps doctors and takes care of patients at a hospital.

....

(4) We need this to leave our country and enter other countries. We get this from our government. ....

動 詞 ⑧

1 次の日本語の意味を表す英語を下から選び，　　　に書きなさい。(5点×4)

(1) ～を解決する　　　　　　　　　　(2) (～を)共有する

(3) ～を救助する　　　　　　　　　　(4) (～を)加える

> think　　share　　smell　　add　　feel　　rescue　　solve

2 次の( )内の語を必要があれば適切な形にかえ，　　　に書きなさい。また，完成した英文を日本語にしなさい。(12点×4)

(1) We aren't ＿＿＿＿＿ to enter the room. （allow）

私たちはその部屋に入ることを [　　　　　　　　　　　] ていません。

(2) Shall we go ＿＿＿＿＿ next Sunday ? （camp）

今度の日曜日に [　　　　　　　　]。

(3) One mistake may ＿＿＿＿＿ an accident. （cause）

1つのまちがいが事故を [　　　　　　　] かもしれません。

(4) How does this soup ＿＿＿＿＿ ? （taste）

このスープはどんな [　　　　　　　]。

3 次の下線部の語を日本語にし，日本文を完成しなさい。(8点×2)

(1) You should <u>knock</u> on the door when you enter the room.

部屋に入るときには，ドアを [　　　　　　　　] べきです。

(2) This cake <u>smells</u> so sweet.

このケーキはとても甘い [　　　　　　　]。

4 次の日本文に合うように，　　　に適切な語を書きなさい。(8点×2)

(1) あなたは子どものようにふるまうべきではありません。

You shouldn't ＿＿＿＿＿ like a child.

(2) パティはだれから手紙を受け取ったのですか。

Who did Patty ＿＿＿＿＿ the letter from ?

52 まとめテスト ⑤

1 次の英語を日本語にしなさい。(4点×8)

(1) God ［　　　　　　　　］　(2) purpose ［　　　　　　　　］

(3) afraid ［　　　　　　　　］　(4) share ［　　　　　　　　］

(5) maybe ［　　　　　　　　］　(6) natural ［　　　　　　　　］

(7) age ［　　　　　　　　］　(8) common ［　　　　　　　　］

2 次の日本文に合うように，　　に適切な語を書きなさい。(8点×5)

(1) この店ではくつが売られています。

Shoes are ＿＿＿＿＿＿＿＿ at this shop.

(2) 彼はすでにその本を読んでしまいました。

He has ＿＿＿＿＿＿＿＿ read the book.

(3) 先生が話している間は黙っていなさい。

Keep ＿＿＿＿＿＿＿＿ while the teacher is talking.

(4) あなたは何に興味がありますか。

What are you interested ＿＿＿＿＿＿＿＿ ?

(5) あなたはケーキを何個ほしいですか。

How many ＿＿＿＿＿＿＿＿ of cake do you want ?

3 次の下線部の語(句)を日本語にし，日本文を完成しなさい。(7点×4)

(1) What can you see in front of the building ?

その建物 ［　　　　　　　　］ 何が見えますか。

(2) My opinion is different from yours.

私の ［　　　　　　　　］ はあなたのとは違います。

(3) You don't have to speak perfect English.

あなたは ［　　　　　　　　］ 英語を話す必要はありません。

(4) The cake which you made smells good.

あなたが作ったケーキはいい ［　　　　　　　　］。

-52-

53 名　詞 ⑪

1 次の日本語の意味を表す英語を右から選び，……に書きなさい。(7点×4)

(1) 交換　　……………………

(2) 主人(役)　……………………

(3) 計画，予定　……………………

(4) 状況　　……………………

interview	meeting
condition	plan
government	host
future	exchange

2 次の英語を日本語にしなさい。(5点×6)

(1) dolphin [　　　] (2) elephant [　　　]

(3) police [　　　] (4) wind [　　　]

(5) moment [　　　] (6) influence [　　　]

3 次の日本文に合うように，……に適切な語を書きなさい。(7点×6)

(1) あなたのお気に入りのキャラクターはだれですか。

Who is your favorite ……………… ?

(2) 私はこの経験からたくさん学びました。

I learned a lot from this ……………… .

(3) 会議の準備は何もかもできています。

……………… is ready for the meeting.

(4) 彼は数年後に有名な作家になりました。

He became a famous ……………… several years later.

(5) 彼女は若いときからその俳優のファンです。

She has been a ……………… of the actor since she was young.

(6) 最初はだれでも失敗するものです。

At first everyone makes ……………… .

1 次の動詞の過去形と過去分詞を書きなさい。(6点×4)

(1) feel　　..　..

(2) stand　　..　..

(3) bring　　..　..

(4) teach　　..　..

2 A欄の関係にならって, B欄の........に適切な単語を書きなさい。(6点×4)

A	B
(1) see —— saw	begin —— ....
(2) dance —— dancing	choose —— ....
(3) buy —— bought	tell —— ....
(4) make —— made	hear —— ....

3 次の英文の〔 〕内の語を適切な形にかえて,........に書きなさい。(7点×4)

(1) This picture was .... about twenty years ago. 〔take〕

(2) I have .... to Okinawa once. 〔be〕

(3) We .... curry at the restaurant last Saturday. 〔eat〕

(4) I haven't .... my homework yet. 〔do〕

4 次の日本文に合うように,........に適切な語を書きなさい。(8点×3)

(1) 次の角を右に曲がれば, その建物が見えるでしょう。

You'll see the building if you .... right at the next corner.

(2) 私は昨日, 駅でお年寄りの女性を助けようとしました。

I .... to help an old woman at the station yesterday.

(3) これらのプレゼントは貧しい国の子どもたちに送られるでしょう。

These presents will be .... to children in poor countries.

形 容 詞 ⑦

合格点 **80**点
得 点
点
解答 ➡ P.78

1 次の日本語を表す英語を右から選び， .... に書きなさい。(6点×4)

(1) 不公平な　..............................

(2) いっぱいの　..............................

(3) 安全な　..............................

(4) 驚くべき　..............................

fair	amazing
dangerous	full
unfair	exciting
surprised	safe

2 次の下線部の語を日本語にし，日本文を完成しなさい。(8点×5)

(1) I hope you and your family are well.

　あなたとあなたの家族が [　　　　　　　　　　] あることを願います。

(2) You can get free drinks at the event.

　そのイベントでは [　　　　　　　　　] 飲み物がもらえます。

(3) The water in this river is clear and clean.

　この川の水は澄んでいて [　　　　　　　　　] です。

(4) I'm afraid that the conditions will get worse.

　状況は [　　　　　　　] なると心配しています。

(5) Similar houses are along this street.

　[　　　　　　　　　] 家がこの通りに沿ってあります。

3 次の日本文に合うように， .... に適切な語を下から選んで書きなさい。

(1) 多くの人が日本の食べものは健康的だと思っています。　　(9点×4)

　Many people think Japanese food is ....

(2) 今週はずっと暖かいです。　It has been .... this week.

(3) 彼はその制服を着てかっこよく見えます。

　He looks .... in the uniform.

(4) どんな動物も，水なしで生きることは不可能です。

　It is .... for any animal to live without water.

　　〔 possible, impossible, warm, well, healthy, cool 〕

56 前置詞 ④・接続詞 ③

1 次の英文の（　）内から適切な語(句)を〇で囲みなさい。(7点 × 7)

(1) The train was late (because,　because of,　for) the accident.

(2) I'm going to visit Canada (while,　during,　on) this summer vacation.

(3) We stayed in London (while,　for,　during) a week.

(4) Tom finished his homework (until,　through,　before) dinner.

(5) My house is (during,　between,　among) the park and the hospital.

(6) (Though,　But,　Because) they did their best, they couldn't win.

(7) My sister was watching TV (while,　when,　if) I got home.

2 次の（　）に共通して入る前置詞を＿＿に書きなさい。(7点 × 3)

(1) He usually plays tennis (　　　) Saturday.

I like to watch baseball (　　　) TV.
....

(2) The students talk with Ms. Green (　　　) English.

It's ten (　　　) the morning now.
....

(3) Mary is (　　　) Australia.

My opinion is different (　　　) yours.
....

3 次の日本文に合うように，（　）内の語(句)を並べかえなさい。(10点 × 3)

(1) 彼は日本だけではなく，アメリカでもまた有名です。

He (not only,　in Japan,　is,　in America,　famous,　but also / ,).

He ＿＿＿＿＿＿＿＿＿＿＿＿＿＿＿＿.

(2) 私たちは魚か鶏肉かどちらかを選ぶことができます。

(chicken,　we,　either,　choose,　or,　fish,　can).

＿＿＿＿＿＿＿＿＿＿＿＿＿＿＿＿＿

(3) その箱はとても重くて，私は運ぶことができませんでした。

The box (so,　that,　was,　I,　heavy,　it,　couldn't,　carry).

The box ＿＿＿＿＿＿＿＿＿＿＿＿＿.

会 話 表 現 ①

合格点 80点
得点
点
解答 ➡ P.79

1 次の日本語の内容を表す英文を下から選び，記号を書きなさい。ただし，それぞれ1度ずつしか使えません。(5点×6)

(1) 相手に「なんとおっしゃいましたか。」と聞き返すとき。　[　　]
(2) 相手に「失礼ですが。」と言うとき。　[　　]
(3) 相手のお礼に対して「どういたしまして。」と言うとき。　[　　]
(4) 申し出に対して「いいですよ。もちろん。」と応じるとき。　[　　]
(5) 別れ際，相手に「またね。」と言うとき。　[　　]
(6) 相手に「ごめんなさい。」とあやまるとき。　[　　]

| ア Excuse me. | イ I'm sorry. | ウ No problem. |
| エ See you. | オ Pardon me ? | カ My pleasure. |

2 次の日本文に合うように，......に適切な語を書きなさい。(5点×7)

(1) ただいま。　I'm ....
(2) はい，どうぞ。　................................ you are.
(3) 全力でやりなさい。　Do your ....
(4) ええと。　Let's ....
(5) あなたが恋しいです。　I .... you.
(6) 私はそう思います。　I think ....
(7) はじめまして。　Nice .... meet you.

3 次の対話文が成り立つように，( )内から適切な語(句)を〇で囲みなさい。(7点×5)

(1) *A*：Thank you.　*B*：You're (welcome，pleasure).
(2) *A*：May I speak to Emi, please ?　*B*：Just (hold，a second).
(3) *A*：I have a headache.　*B*：That's too (bad，sorry).
(4) *A*：(How，What) is the weather in Tokyo ?　*B*：It's sunny.
(5) *A*：(Have，Take) a good day.　*B*：Thank you.

58 会 話 表 現 ②

1 次の日本語の内容を表す英文を下から選び，記号を書きなさい。(5点×6)

(1) 店員が客に「いらっしゃいませ。」と言うとき。 [　　　　]

(2) 客が店員に値段をたずねるとき。 [　　　　]

(3) 店員が客に品物を包装するかたずねるとき。 [　　　　]

(4) 店員が客に店で食べるか，持ち帰るかとたずねるとき。 [　　　　]

(5) 客が店員に小さいサイズがあるかたずねるとき。 [　　　　]

(6) 店員が客にほかに何かいるかたずねるとき。 [　　　　]

ア　For here or to go ?	イ　Anything else ?	
ウ　May I help you ?	エ　Do you have a smaller one ?	
オ　How much is this ?	カ　Shall I wrap it for you ?	

2 次の日本文に合うように，.........に適切な語を書きなさい。(8点×5)

(1) ただ見ているだけです。　I'm just ....

(2) これらのくつはいかがですか。　How .... these shoes ?

(3) それは私には値段が高すぎます。　It's too expensive .... me.

(4) それで全部です。　That's ....

(5) それをいただきます。　I'll .... it.

3 次の日本文に合うように，(　)内の語を並べかえなさい。(10点×3)

(1) 何色をお探しですか。　(color, what, for, looking, are, you)?

....

(2) ほかのものをお見せしましょうか。　(another, I, shall, show, you)?

....

(3) それを私の家に送っていただけますか。

(send, my, it, would, to, you, house)?

....

1 次の日本語の内容を表す英文を下から選び，記号を書きなさい。(5点×4)

(1) 相手に「どうしたのですか。」と調子などをたずねるとき。 [ ]

(2) 相手に「楽しかったですか。」とたずねるとき。 [ ]

(3) 相手に「お元気ですか。」とあいさつするとき。 [ ]

(4) 相手に「あなたはどうですか。」と相手の意向をたずねるとき。 [ ]

ア How are you ?	イ Did you have a good time ?
ウ How about you ?	エ What's the matter ?

2 次の日本文に合うように， に適切な語を書きなさい。(7点×5)

(1) ブラウン先生にたずねてみてはどうですか。

.... don't you ask Mr. Brown ?

(2) 今晩私といっしょに夕食を食べるのはいかがですか。

.... you like to have dinner with me tonight ?

(3) ((2)に答えて)ええ，ぜひとも。 Yes, I'd .... to.

(4) ひと休みしましょうか。 .... we take a rest ?

(5) 今度の週末映画を見るのはどうですか。

.... about watching a movie next weekend ?

3 次の日本文に合うように， に適切な語を下から選んで書きなさい。

(1) 私はそう思いません。 I don't think .... (9点×5)

(2) あなたは中国出身ですよね。 You're from China, ... ?

(3) あなたはその計画に反対ですか。 Are you .... the plan ?

(4) あなたは彼女を知ってますよね。 You know him, ... you ?

(5) 私の意見では，ほかの選択肢について考えるべきです。

We should think about other choices .... my opinion.

| against | for | do | don't | so | right | in | by |

60 会話表現 ④

1 次の日本語の内容を表す英文を下から選び, 記号を書きなさい。(7点×6)

(1) 相手に「がんばって。」と伝えるとき。　[　　]

(2) 相手に「おめでとう。」と伝えるとき。　[　　]

(3) 客に自由にとって食べるように伝えるとき。　[　　]

(4) 相手に「運がいいね。」と伝えるとき。　[　　]

(5) 相手の親切に感謝を伝えるとき。　[　　]

(6) 相手の言ったことに「なるほど。」とあいづちを打つとき。　[　　]

ア	Congratulations !	イ	Help yourself.
ウ	I see.	エ	Good luck !
オ	Lucky you.	カ	That's very kind of you.

2 次の対話文が成り立つように, ( )内から適切な語を○で囲みなさい。

(1) *A*：I have a headache.　*B*：That's too (bad,　sorry).　(7点×6)

(2) *A*：Have a nice (trip, travel).　*B*：Thank you.

(3) *A*：What's (wrong, matter)?　*B*：I don't feel well.

(4) *A*：Thank you.　*B*：My (welcome, pleasure).

(5) *A*：Could you ask him to call me (up, back)?　*B*：Sure.

(6) *A*：Bye.　*B*：Goodbye. (Take, Have) care.

3 次の日本文に合うように, ...に適切な語を書きなさい。(8点×2)

(1) 家族によろしくと伝えてください。

Please .... hello to your family.

(2) あなたにお願いしてよいですか。

May I ask you a .... ?

61 数

1 次の英語を数字で書きなさい。(4点 × 8)

(1) eight　　　　.................................　(2) twelve　　　.................................

(3) thirteen　　.................................　(4) twenty-six　.................................

(5) fifty-two　　.................................　(6) ninety-two　.................................

(7) thousand　.................................　(8) million　　.................................

2 次の数字を英語にしなさい。(5点 × 8)

(1) 7　　　　　.................................　(2) 9番目　　　.................................

(3) 21　　　　.................................　(4) 35番目　　.................................

(5) 100　　　.................................　(6) 101番目　.................................

(7) 1,003　　.................................　(8) 1,012番目　.................................

3 次の英文の下線部の数字を英語で表すとき，(　)内から適切な語句を〇
で囲みなさい。(5点 × 2)

(1) Our school was built in 1985.

　(one nine eight five,　nineteen eighty-five)

(2) A：How much is this watch ?　B：It's 19,800 yen.

　(nineteen thousand and eight hundred,　one nine eight hundred)

4 次の下線部の語を日本語にし，日本文を完成させなさい。(9点 × 2)

(1) My birthday is March thirty-first.

　私の誕生日は 3 月 [　　　　　　　　] です。

(2) About one-third of the students come to school by bike.

　およそ [　　　　　　　　] の生徒は学校へ自転車で来ます。

62 まとめテスト ⑥

1 次の英語を日本語または数字にして書きなさい。(4点×8)

(1) condition 　[　　　　　] 　(2) moment 　[　　　　　]

(3) impossible 　[　　　　　] 　(4) safe 　[　　　　　]

(5) thousand 　[　　　　　] 　(6) million 　[　　　　　]

(7) Here you are. 　[　　　　　] 　(8) What's wrong ? 　[　　　　　]

2 次の動詞の過去形と過去分詞を書きなさい。(5点×4)

(1) eat 　　.................................... 　　....................................

(2) see 　　.................................... 　　....................................

(3) take 　　.................................... 　　....................................

(4) make 　　.................................... 　　....................................

3 次の日本文に合うように，......... に適切な語を書きなさい。(8点×6)

(1) あなたは今までにその女性について聞いたことがありますか。

Have you ever .... about the woman ?

(2) その本はとてもおもしろかったので，私は1日で読みました。

The book was .... interesting that I read it in one day.

(3) 私たちの先生は雪のために学校に来ることができませんでした。

Our teacher couldn't come to school because .... the snow.

(4) 駅と図書館の間に美術館があります。

There is a museum .... the station and the library.

(5) もっと大きいのをお見せしましょうか。

.... I show you a bigger one ?

(6) 私に会いに来てはどうですか。

.... don't you come and see me ?

仕上げテスト ①

1 次の左側の語の下線部の発音と同じ音を含む語を1つずつ選び，記号を○で囲みなさい。(8点×3)

(1) energy 〔ア government イ imagine ウ guitar エ against〕

(2) earth 〔ア heard イ appear ウ clear エ ear〕

(3) power 〔ア aunt イ touch ウ restaurant エ mountain〕

2 次の＿＿に適切な語を書きなさい。ただし，指定された文字で始めること。(8点×5) 〔国立工業高専〕

(1) Please give me something to eat. I'm very h＿＿＿＿＿ .

(2) Do you have a brother ?

— No, but I have a s＿＿＿＿＿ . She's two years older than I.

(3) What l＿＿＿＿＿ is spoken in Australia ? — English is.

(4) What did you have for b＿＿＿＿＿ this morning ?

— I had some rice, an egg and *miso* soup.

(5) How is the w＿＿＿＿＿ in Hokkaido today ?

— It's cloudy.

3 次の英文の( )に入れるのに適切な語(句)を選び，記号を○で囲みなさい。

(1) She is ( ) only kind, but also clever. (9点×4)

ア so イ not ウ very エ much

(2) They looked ( ) to hear the news.

ア surprised イ surprise ウ surprising エ be surprised

(3) The Internet has become a new way of ( ). 〔大阪女学院高〕

ア company イ country ウ century エ communication

(4) It is ( ) for little children to swim in this pool.

ア dangerous イ easily ウ problem エ afraid

64 仕上げテスト ②

1 次の各組の２文について，............に適切な同音異義語を書きなさい。

(1) The traffic signal was .... then.　　　　　(10点 × 3)

I .... the book last night.

(2) We .... the tournament.

My car is old, so I want a new ....

(3) He caught the ball I .... at him.

The boy got into the house .... the window.

2 次の各組の英文がほぼ同じ意味になるように............に適切な語を書きなさい。(10点 × 4)

(1) Taro helps me. I help him, too.

= Taro and I help ....　　〔高知学芸高〕

(2) I haven't brought any money today.

= I have .... money .... me today.　　〔立教新座高〕

(3) I don't know how old he is.

= I don't know ....　　〔大阪教育大附高（平野）〕

(4) Ken speaks English the best of all the members.

= Ken speaks English .... any other member.

3 次はそれぞれの語の定義です。右の説明にあたる１語を書きなさい。ただし，指定された文字で始めること。(10点 × 3)　　〔成城学園高〕

(1) p..................... : a small book that tells which country you are from when you are going into a foreign country

(2) s..................... : a game between two teams of eleven players using a round ball which is kicked

(3) v..................... : a person who gives his or her help without getting anything

解答編　英単語1〜3年

1　名　詞　①

① (1) ク　(2) キ　(3) エ　(4) ケ
　　(5) ア
② (1) bomb　(2) design　(3) college
　　(4) trouble　(5) joke　(6) danger
③ (1) 地面　(2) 訪問
④ (1) tournament　(2) government
　　(3) temperature

解説

② (2) designの下線部のつづりに注意。
　　(5) jokeの下線部の発音は[ou]。日本語
　　とは異なることに注意。

2　動　詞　①

① (1) ク　(2) カ　(3) エ　(4) キ
② (1) save　(2) support　(3) decide
　　(4) smile　(5) kill
　　(6) communicate
③ (1) talk　(2) speak　(3) tell
　　(4) say
④ (1) spend　(2) invite

解説

① (2) forget「(〜を)忘れる」— remember
　　「(〜を)思い出す」はセットで覚えよう。
③ いずれも「言う，話す」の意味を持つ
　　動詞だが，sayは「人が言葉を発する」，
　　speakは「言葉・言語を話す」，talkは「相
　　手と話をする」，tellは「人にものを伝え
　　る」の意味を表す点に注意。
④ (2) 〈invite + 人 + to 〜〉で「(人)を〜に招
　　待する」の意味を表す。

3　形容詞　①

① (1) オ　(2) ア　(3) カ　(4) キ
　　(5) エ
② (1) clean　(2) famous　(3) large
　　(4) junior　(5) tired　(6) true
③ (1) 危険な　(2) 用意〔準備〕はでき
　　(3) 国際的な
④ (1) busy　(2) surprised　(3) alone

解説

② (4) junior「年下の」— senior「年上の」
③ (2) be ready to 〜で「〜する用意〔準備〕
　　ができている」の意味を表す。

4　副　詞　①

① (1) easily　(2) outside
　　(3) quickly　(4) really
　　(5) especially
② (1) tonight　(2) slowly
　　(3) almost
③ (1) のかわりに　(2) とにかく
　　(3) 静かに　(4) 注意深く
　　(5) ついに　(6) 海外に〔外国へ〕

解説

① (2) outside「外側に」— inside「内側に」
　　(3) fast「速い」「速く」も覚えておこう。

5　名　詞　②

① (1) choice　(2) effort　(3) son
　　(4) patient　(5) fun
② (1) 誕生日　(2) 図書館

(3) 電子メール　(4) 島　(5) 事実
(6) 祭り

❸ (1) カード　(2) 博物館〔美術館〕

❹ (1) party　(2) boxes
(3) present〔gift〕　(4) history
(5) time

解説

❶ (1) choose「(～を)選ぶ」の名詞形。

❸ (2) museumはeの部分にアクセントを置くことに注意。

❹ (2) How manyのあとなので複数形にする。
(3) gift「贈り物」でもよい。　(5) have a good timeで「楽しく過ごす」の意味。

6　動　詞　②

❶ (1) pass　(2) sell　(3) put　(4) fly

❷ (1) ～を招待する
(2) (～と)結婚する
(3) ～を再使用〔利用〕する
(4) ～を説明する

❸ (1) Could you close the window ?
(2) I realized that someone was behind the door.
(3) He ordered us to move.

❹ (1) Wait　(2) drink　(3) improve
(4) rides　(5) dance

解説

❸ (1) Could you ～ ?は相手にお願いする表現。
(3) ⟨order＋人＋to ～⟩で「(人)に～するように命じる」の意味。

7　代　名　詞　①

❶ (1) mine　(2) you　(3) him
(4) her　(5) its　(6) us　(7) ours
(8) your　(9) them　(10) theirs

❷ (1) She　(2) you　(3) our　(4) me
(5) his　(6) yours

❸ (1) It　(2) them

解説

❷ (3) 「私たちの宿題をする」と考える。
(4) 前置詞のあとは目的格を置く。

❸ (1) 天候を表す場合，主語はitを用いる。
(2) 「今夜は星がたくさん見えます。それらの1つは私のお気に入りです。」

8　前　置　詞　①

❶ (1) for　(2) by　(3) of　(4) of
(5) on　(6) in　(7) to

❷ (1) by　(2) in　(3) for

❸ (1) We clean the park as volunteers.
(2) You will find the hospital behind the building.
(3) I want to travel around〔over〕 the world.

解説

❶ (4) 「このびんはプラスチックでできています。」be made of ～「～で作られている」は材料が変化しない場合に，be made from ～「～から作られている」は材料が変化している場合にそれぞれ使われる。by は「～によって」という意味。

❷ (1) 「この手紙はトムによって書かれました。」「ドアのそばにいる女の子がベッキーです。」　(2) 「私の姉〔妹〕は病気で寝ています。」「東京は午後10時です。」
(3) 「私たちの市は古い城で有名です。」「手紙をありがとう。」

9　熟　語　①

❶ (1) オ　(2) ア　(3) カ　(4) ウ
(5) エ　(6) イ

2 (1) after (2) of (3) In (4) at
(5) on (6) in
3 (1) look (2) afraid (3) get〔ride〕
(4) proud

(解説)

2 (5) 「あなた次第だ。」 It depends on you.
は，It's up to you. と表すこともできる。
3 (1) 「〜の面倒を見る」 look after 〜 は
take care of 〜 でも表すことができる。

10 まとめテスト ①

1 (1) sons (2) fact
(3) university〔college〕
(4) birthday (5) peace
(6) chance
2 (1) forget (2) communicate
(3) decide (4) spend (5) invited
3 (1) slowly (2) quiet (3) kind
(4) carefully (5) easy (6) finally

(解説)

1 (2) 「実は，私は北海道へ行ったことがあ
りません。」 (5) 「私は世界平和を望んで
います。」 (6) 「私は彼と話す機会があり
ませんでした。」
3 (1)，(4)，(6)は形容詞なので副詞にかえ，
(2)，(3)，(5)は副詞なので形容詞にかえる。
(5) easilyのつづりに注意しよう。

11 名 詞 ③

1 (1) heart (2) period (3) nature
(4) grade (5) land (6) word
2 (1) 夫 (2) かぎ (3) 理由
(4) ボール (5) ピアノ (6) 寺
(7) ゴール〔目標〕 (8) 声

3 (1) plane (2) scientist (3) uncle
(4) weather
4 (1) floor (2) seat (3) farmer

(解説)

3 (4) 「ニューヨークの天気はどうですか。」
季節をたずねる場合は，What is the
season 〜 ? とする。

12 代 名 詞 ②

1 (1) Some, others
(2) One, the other (3) another
(4) one
2 (1) All (2) few (3) Each
3 (1) We enjoyed ourselves at the
party
(2) Nothing is more important
than health.

(解説)

1 (4) 前に出てきた名詞と同じ種類のもの
を表す場合は，itではなくoneを使う。
2 (3) eachは3人称単数扱いなので，動詞
はhasになっていることに注意。

13 動 詞 ③

1 (1) introduce (2) influence
(3) guess (4) keep (5) wait
(6) recycle
2 (1) 落としました (2) 昇ります
(3) 置きました (4) ついて行く
3 (1) touch (2) worry (3) shake
4 (1) paint (2) return (3) prepare
(4) wish

解説

② (3) putは不規則動詞でput ― put ― put と変化する。

③ (3) shake hands with ～で「～と握手をする」の意味。

14	助 動 詞 ①

❶ (1) cannot (2) Can (3) Shall
   (4) will (5) should

❷ (1) can, swim (2) must, clean
   (3) must, not (4) Shall, we

❸ (1) あなたは明日，早く起きる必要はありません。
   (2) 今日の午後は雨かもしれません。
   (3) 私は砂糖入りのコーヒーを1杯いただきたいです。

解説

❷ (1)「私の兄〔弟〕は速く泳ぐことができます。」 (2)「あなたは自分の部屋をそうじしなければなりません。」 (3)「この授業では日本語を話してはいけません。」 (4)「ここで昼食を食べましょうか。」

❸ (1) don't〔doesn't〕have to ～で「～する必要がない」の意味。

15	形 容 詞 ②

❶ (1) amazing (2) cute (3) deep
   (4) clear (5) useful

❷ (1) long (2) hungry (3) favorite
   (4) good〔great, nice〕 (5) friendly

❸ (1) 危険 (2) 死んだ (3) 高価
   (4) 明るいです〔輝いています〕
   (5) 人間の

解説

③ (1) dangerous「危険な」― safe「安全な」
   (3) expensive「高価な」 ― cheap「安価な」 (5) humanには「人間の，人間らしい」という形容詞の意味がある。

16	副 詞 ②

❶ (1) 明らかに (2) 外に〔外側に〕
   (3) 2回 (4) 今までに

❷ (1) away (2) again (3) almost

❸ (1) どこへも (2) 階下へ〔下りて〕
   (3) 実は (4) まっすぐに

❹ (1) Even (2) carefully
   (3) forever (4) easily

解説

❶ (4) ever「今までに」は現在完了の疑問文で使われることが多い。

❷ (1) awayは「(～から)はなれて」の意味。

17	熟 語 ②

❶ (1) エ (2) ア (3) イ (4) オ
   (5) ウ

❷ (1) to (2) of (3) for (4) with

❸ (1) かわりに (2) 確信しています
   (3) 残念ながら (4) たとえば
   (5) 心待ちにしています〔楽しみにしています〕

解説

❶ (1) come from ～は「～出身の」という意味もある。 (2) more than ～のあとには数詞が続く。

❷ (4)「あなたは私に同意しますか。」「私の仕事を手伝ってくれますか。」

❸ (5) look forward to ～のtoは前置詞なので，あとには名詞か動名詞が続くことに注意しよう。

18　名　詞　④

❶ (1) カ　(2) ケ　(3) ウ　(4) オ
　(5) イ　(6) キ
❷ (1) energy　(2) mom
　(3) company　(4) road
　(5) difference　(6) snow
❸ (1) step　(2) kitchen
❹ (1) おば(さん)　(2) 機械

解説

❷ (3) companyは「会社」のほかに「仲間」
　という意味もある。
❹ (1) aunt「おば」― uncle「おじ」

19　形 容 詞 ③

❶ (1) several　(2) most　(3) whole
　(4) each　(5) half
❷ (1) some　(2) any　(3) any
❸ (1) much　(2) a few　(3) many
　(4) a little　(5) no
❹ (1) たくさんの　(2) 十分な

解説

❶ (2) mostはmany〔much〕の最上級でもあ
　る。
❷ ふつうsomeは肯定文，anyは疑問文・
　否定文に使う。
❸ many，a fewは数えられる名詞の前，
　much，a littleは数えられない名詞の前
　に置く。noはどちらにもつく。
❹ (1) このmoreはmanyの比較級で，「より
　多くの」の意味を表す。

20　動　詞　④

❶ (1) リラックスする〔落ち着く〕
　(2) 現れる〔～のように見える〕

(3) 横たわる〔ある〕　(4) 泣く
❷ (1) find　(2) climb　(3) hate
　(4) collect　(5) miss　(6) Raise
❸ (1) たたかい　(2) 切り
　(3) だろうかと思います
　(4) むだにして

解説

❷ (6) raise「～を挙げる〔～を上げる〕」は
　他動詞。rise「上がる〔昇る〕」は自動詞。
❸ (2) cutは不規則動詞でcut ― cut ― cut
　と変化する。　(3) wonder what ～で「何
　が～かしらと思う」の意味。

21　まとめテスト ②

❶ (1) ア　(2) イ　(3) ア　(4) ウ
　(5) エ
❷ (1) 理由　(2) 科学者　(3) 違い
　(4) 寺　(5) 土地　(6) まちがい
　(7) 台所　(8) 銀行
❸ (1) vacation　(2) his　(3) road
　(4) aunt　(5) may　(6) enough

解説

❶ (1) piece[i:]。ア[ai]。
　(2) either[ð]。イ[θ]。
　(3) food[u:]。ア[u]。
　(4) about[au]。ウ[u:]。
　(5) give[i]。エ[ai]。
❸ (1) holidayは「(祝祭日の)休日」。

22　名　詞　⑤

❶ (1) track　(2) sign　(3) luck
　(4) ship
❷ (1) 手　(2) 辞書　(3) レストラン
　(4) ライオン　(5) お茶〔紅茶〕

(6) 店　(7) 鼻　(8) 教科〔科目〕
❸ (1) line　(2) rest　(3) speech
❹ (1) beach　(2) ticket　(3) race
(4) classroom　(5) head

(解説)

❶ (2) signには「しるし，徴候」の意味もある。
❷ (3) restaurantの下線部のつづりに注意。
❸ (2) take a restで「ひと休みする」の意味。take a breakでもよい。　(3) make a speechで「スピーチをする」の意味。give a speechとも言う。

23　疑 問 詞

❶ (1) だれ　(2) どちらが　(3) いつ
(4) どこに　(5) なぜ　(6) だれの
(7) どうやって
❷ (1) How　(2) where　(3) Which
(4) why
❸ (1) what to do
(2) Whose baby are you taking care of ?

(解説)

❷ (2)(4) 疑問詞のあとに〈主語＋動詞〉が続いている間接疑問文。
❸ (1)「何をしたらよいか」＝「何をすべきか」what to doで表す。　(2)「だれの赤ちゃん」はwhose babyで表す。「～の面倒を見る」はtake care of ～で表す。

24　前 置 詞 ②

❶ (1) from　(2) among　(3) between
(4) from　(5) during　(6) by
❷ (1) by　(2) before　(3) near
(4) along　(5) like　(6) for
❸ (1) 使わないで

(2) 英語でレポートを書きました
(3) ドアの上の〔にはってある〕看板〔標識〕を
(4) 山の上を飛んでいます

(解説)

❶ (2)「この歌は日本の若い人たちの間で人気があります。」　(3)「博物館と駅の間に病院があります。」　(4)「私の考えはあなたのとはかなり違います。」　(5)「私は夏休みの間にカナダへ行きました。」
❷ (6) for「賛成して」— against「反対して」

25　発音・アクセント ①

❶ イ，ウ，エ，ケ
❷ (1) イ　(2) ウ　(3) イ
❸ (1) ウ　(2) エ
❹ (1) イ　(2) ウ　(3) エ

(解説)

❷ (1) bikes[s]　ア，ウ，エは[z]と発音する。　(2) catches[iz]　アは[s]，イ，エは[z]と発音する。　(3) lived[d]　ア，エは[t]，ウは[id]と発音する。
❸ (1)「あなたのお母さんは昨晩，何時に寝ましたか。」「彼女は昨晩，10時に寝ました。」　(2)「あなたは自転車で学校へ来ますか。」「いいえ。私はふつうバスで学校へ来ます。」
❹ (1)「私は昨日，おもしろい本を読みました。」，過去形のreadは[réd]と発音する。(2)「あなたは毎日剣道の練習をしなければなりませんか。」have toは[hǽftə]と発音する。　(3)「私たちは昨夜，悲しい知らせを聞きました。」heardは[hɚ́ːrd]と発音する。ア，ウは[iər]，イは[aːr]という。

26 接続詞 ①

❶ (1) so　(2) when　(3) before
　　(4) Though　(5) because　(6) if
❷ (1) もし明日雨が降れば
　　(2) 宿題を終えてから
　　(3) 暗くなるまで
　　(4) 私が音楽を聞いている間
❸ (1) can play both the piano and
　　the violin
　　(2) Start now, or you will be late.
　　(3) know that he's from Korea

解説

❶ (1)「私たちのチームは，熱心に練習しま
した，だからトーナメントで優勝しまし
た。」　(2)「ジェーンは20歳のときにジ
ムと出会いました。」　(3)「パーティーが
始まる前にすべては準備できました。」
(4)「彼らは貧しいけれど幸せです。」
(5)「そのかばんは高価だったので，私は
買うことができませんでした。」
❸ (2)〈命令文, or ...〉で，「～しなさい，さ
もないと…」。

27 熟語 ③

❶ (1) イ　(2) ウ　(3) エ　(4) ア
　　(5) オ　(6) カ
❷ (1) Ask　(2) keep　(3) come
　　(4) Put　(5) make
❸ (1) Have you ever been to London ?
　　(2) Will you be free the day after
　　tomorrow ?
　　(3) I hope that you'll get well soon.

解説

❶ (4) get off ～「(電車やバス)を降りる」
― get on ～「(電車やバス)に乗る」も
合わせて覚えよう。

❷ (4) wearは「身につけている」状態を，
put onは「身につける，着る」という動
作をいう。　(5) make a speechで「ス
ピーチをする」の意味。give a speech
とも言う。

28 名詞 ⑥

❶ (1) ear　(2) case　(3) notebook
　　(4) dish　(5) report
❷ (1) phone　(2) bottles　(3) rice
　　(4) fire　(5) milk
❸ (1) さる　(2) かべ　(3) サイズ
　　(4) 点〔特徴〕

解説

❶ (2) caseには「場合」の意味もある。
❷ (2)「ペットボトル」はplastic bottleと表
す。　(4) fireには「火事」の意味もある。
❸ (4) pointには「得点」の意味もある。

29 代名詞 ③

❶ (1) エ　(2) イ　(3) ウ　(4) ア
❷ (1) yourself　(2) they　(3) It
　　(4) Who　(5) Nobody
❸ (1) others　(2) Both　(3) It

解説

❷ (1)「お体を大切にしてください。」take
(good) care of yourselfで「体を(十分)
大切にする」の意味を表す。　(2)「中国
では何語を話しますか。」　一般の人を
表すとき，theyを用いる。　(3)「私が
家を出たとき，雨が降っていました。」
(4)「昨日あなたといっしょにサッカーを
したのはだれですか。」　(5)「そのとき
何が起きたのかだれも知りません。」
nobodyは「だれも～ない」の意味を表す。

30

動　詞 ⑤

❶ (1) 続く　(2) 急ぐ　(3) ～を守る
　 (4) 鳴る
❷ (1) 消え　(2) 生産する
　 (3) 想像する　(4) 燃やし
❸ (1) spread〔open〕　(2) lead
　 (3) enter　(4) reach　(5) Keep

解説

❷ (1) disappear「消える」— appear「現れる」
❸ (2)「～を導く」leadは不規則動詞で，
　 lead — led — ledと変化する。　(4)「～
　 に到着する」はreach ～, arrive at〔in〕
　 ～, get to ～で表すことができる。
　 (5)「AをBの状態にしておく」はkeep A
　 Bで表す。

助　動　詞 ②

❶ (1) Can　(2) May　(3) Shall
　 (4) Must　(5) Would　(6) Will
❷ (1) My grandmother <u>could</u> not use
　　 the Internet.
　 (2) Are you <u>going</u> to go home ?
　 (3) What <u>would</u> you like to eat ?
❸ (1) thought, would　(2) had, to
　 (3) be, able, to
　 (4) can't〔cannot〕, play

解説

❶ (1) A：私に数学を教えてくれませんか。
　 B：いいですよ。　(2) A：ジェーンをお
　 願いします。　B：私です。　(3) A：休
　 みましょう。　B：そうしましょう。
　 (4) A：私は英語で話さなければなりま
　 せんか。　B：いいえ，その必要はあり
　 ません。　(5) A：窓を開けてください
　 ませんか。　B：いいですよ。　(6) A：
　 今晩私たちのところに泊まりますか。

B：いいえ，泊まりません。
❸ (1)「私はジャックは看護師になると思い
　 ました。」　(2)「私のおじはフランスへ行
　 かなければなりませんでした。」　(3)「あ
　 なたの姉〔妹〕は英語を話すことができる
　 でしょう。」　(4)「私はギターを弾くこと
　 ができません。」

32

まとめテスト ③

❶ (1) 消える　(2) 牛乳　(3) 教室
　 (4) ～を想像する　(5) 科目，教科
　 (6) 頭　(7) 運　(8) びん〔ボトル〕
❷ (1) restaurant　(2) Both
　 (3) would　(4) until〔till〕　(5) like
❸ (1) 実現する　(2) 賛成
　 (3) できる　(4) 何をしたらよいか

解説

❷ (2)「～のうちの両方とも」はboth of ～
　 で表す。　(3) would like to ～で「～し
　 たいのですが」を表す。want to ～より
　 もていねいな表現。
❸ (2) for ～には「～のために」「～に向かっ
　 て」などの意味のほかに「～に賛成して」
　 の意味もある。　(3) be able to = can

名　詞 ⑦

❶ (1) ア　(2) エ　(3) カ　(4) オ
　 (5) イ
❷ (1) fruit　(2) art　(3) football
　 (4) memory
❸ (1) hotel　(2) war　(3) Europe
❹ (1) classmate　(2) airport
　 (3) accident　(4) weekend
　 (5) mark

解説

❸ (1) hotel[houtél]の発音に注意。

4 (3) traffic accident「交通事故」

---

34 形容詞 ④

1 (1) taller, tallest
(2) prettier, prettiest
(3) bigger, biggest
(4) more, most
(5) more useful, most useful
2 (1) exciting (2) better
(3) more important (4) best
(5) most famous
3 (1) slow (2) weak (3) right
(4) senior (5) short (6) high
(7) free (8) noisy
4 (1) ケ (2) イ (3) シ (4) ウ
(5) カ (6) コ

解説

1 (2) 〈子音字 + y〉で終わっているので，y
をiにかえてer, estをつける。 (3) 〈短
母音 + 子音字〉で終わっているので，子
音字を重ねてer, estをつける。
2 (2) 後ろにthanがあるので比較級。good
はgood — better — bestと変化する。
3 (1) fast「速い」— slow「遅い」 (2) strong
「強い」— weak「弱い」 (3) wrong「まち
がっている」— right「正しい」
(4) junior「年下の」— senior「年上の」
(5) long「長い」— short「短い」 (6) low
「低い」— high「高い」 (7) busy「忙し
い」— free「ひまな」 (8) quiet「静かな」
— noisy「騒がしい」
4 (6) sunny「晴れた」clearには「澄んだ，
晴れた」の意味がある。

---

35 副詞 ③

1 (1) too (2) either (3) also

---

2 (1) Have you <u>ever</u> been to Canada ?
(2) He has <u>just</u> finished eating
lunch.
(3) It was <u>too</u> cold to swim.
(4) have talked with him <u>before</u>
(5) I met Mr. Smith two days <u>ago</u>.
3 (1) I / go (2) is / at
(3) old / to (4) is / working

解説

1 (2) 否定文で「…もまた～ない」はnot ～
eitherで表す。
2 (3) 「…するには～すぎる〔～すぎて…で
きない〕」too ～ to ...

---

36 熟語 ④

1 (1) エ (2) イ (3) ア (4) ウ
2 (1) on (2) in (3) like (4) by
(5) to
3 (1) over there (2) on the way to
(3) all day (4) for the first time
(5) At least

解説

2 (5) 「～のとなりに」という場合はnext
to ～と言う。

---

37 名詞 ⑧

1 (1) toy (2) concert (3) part
(4) adventure (5) bread
(6) flight
2 (1) 食事 (2) 値段 (3) (自然)環境
3 (1) doll (2) coat
(3) government (4) church

解説

1 (2) <u>concert</u>の下線部のつづりに注意。

❸ (2) coatの下線部の発音[ou]に注意。

38 形 容 詞 ⑤

❶ (1) exciting (2) good (3) cute
　(4) necessary (5) close
❷ (1) 右(の)，正しい
　(2) 天気がよい，元気
　(3) かた，難し
❸ (1) that war is terrible
　(2) There is something wrong

解説

❶ (1)「(もの・こと)がわくわくする〔おもしろい〕」はexcitingで表す。
　(2)「あなたの姉〔妹〕はテニスが上手です。」名詞句tennis playerを修飾する形容詞はgood。wellは副詞。　(3)「なんてかわいいねこでしょう！」(4)「彼はそのテストを受ける必要があります。」
　(5)「私の家は駅の近くです。」closeは「～の近く」の意味で[klous]と発音する。
❸ (2) There is something wrong with ～で，「～にはどこか故障がある」の意味を表す。

39 動 詞 ⑥

❶ (1) was / were, been
　(2) brought, brought
　(3) cut, cut (4) spoke, spoken
❷ (1) swimming (2) broke
　(3) done (4) taught
❸ (1) held (2) eaten (3) skiing
　(4) known
❹ (1) knew (2) dying (3) wrote

解説

❷ (1) swimは〈短母音＋子音字〉で終わっているので，子音字を重ねてingをつける。

❸ (4) taughtの下線部の発音[ɔ:]に注意。
❸ (1)「そのパーティーはホテルで開かれました。」　(2)「私たちはそのようなおいしい果物を食べたことがありません。」
　(3) enjoy ～ingで「～することを楽しむ」の意味を表す。　(4)「その歌手は国のすべての人に知られています。」
❹ (1)「だれもその事故について知りませんでした。」　(2)「たくさんの木が森の中で枯れていました。」　(3)「ボブは先月，おじさんに手紙を書きました。」

40 前 置 詞 ③

❶ (1) for (2) about (3) over
　(4) on (5) with (6) until
❷ (1) can get useful information through the Internet
　(2) She has lived here since she came to Japan.
❸ (1) その赤ちゃんは数か月もすれば，歩けるでしょう。
　(2) 口に食べものをたくさん入れたまましゃべってはいけません。

解説

❶ (5) withには「～して」のほかに，「～といっしょに」「～を身につけて」などの意味がある。　(6) untilは「～まで」の意味で，前置詞と接続詞の使い方がある。
❸ (1) inには「～もすれば」という未来を表す意味がある。　(2) with ～ in ...は，「～を…に入れたまま」という意味を表す。

41 接 続 詞 ②

❶ (1) even if (2) as (3) until
　(4) while (5) and
❷ (1) Though he was sleepy, he couldn't sleep.

(2) He can speak not only English but also

❸ (1) いったんここに住んでしまえば，あなたはこの場所を好きになるでしょう。

(2) 私たちはホテルに着くとすぐに，泳ぎに行きました。

解説

❶ (2) asには「～のとき」，「～につれて」などの意味がある。

❷ (2) not only ～ but also …は「～ばかりでなく…もまた」の意味を表す。

❸ (1) onceは「いったん～すれば」を表す。

(2) as soon as ～は「～するとすぐに」の意味を表す。

42 発音・アクセント ②

❶ ウ，オ，カ，ク

❷ (1) ア (2) ウ (3) イ (4) イ

❸ オ，カ，サ

❹ (1) エ (2) エ (3) ウ (4) エ

解説

❶ ウ[ei]，オ[t]，カ[əːr]，ク[ɑːr]。

❷ (1) though[ð] イ，ウ，エは[θ]と発音する。 (2) sunny[s] ア，エは[ʃ]，イは[θ]と発音する。 (3) program[ou] ア，ウ，エは[ɔː]と発音する。 (4) cute[juː] アとエは[ʌ]，ウは[u]と発音する。

❹ (1)「あなたは毎日公園へ行きますか。」「いいえ。私は日曜日にそこへ行きます。」(2)「あなたの大好きな教科は何ですか。」「私の好きな教科は理科〔科学〕です。」(3)「あなたは何回アメリカへ行ったことがありますか。」「私は3回そこへ行ったことがあります。」(4)「このラケットはあなたのものですか。」「いいえ，それは

私のものではありません。それは私の兄〔弟〕のものです。」

43 まとめテスト ④

❶ (1) 政府〔政治〕 (2) 地球
(3) 思い出〔記憶(力)〕
(4) おもちゃ (5) 冒険 (6) 値段
(7) ～を招待する (8) 戦争

❷ (1) possible (2) until〔till〕
(3) either (4) close (5) for

❸ (1) とても疲れていたので
(2) (あなたの)空の旅 (3) まだ
(4) どこか故障しています

解説

❷ (3) 否定文で「…もまた～ない」はnot ～ eitherで表す。 (4)「～の近くにある〔いる〕」はbe close to ～で表す。

❸ (4) something wrong with ～は「～にどこか具合の悪いところ」という意味を表す。

44 名 詞 ⑨

❶ (1) キ (2) イ (3) オ (4) カ
(5) ウ

❷ (1) age (2) electricity
(3) musician (4) God (5) peace
(6) custom

❸ (1) wood (2) matter
(3) vegetables

❹ (1) opinion (2) purpose (3) skin
(4) meeting (5) danger

解説

❶ (1) clothesは「衣服」，clothingは「衣類，衣料品」の意味を表す。

❷ (4) ふつう「神」Godは大文字で始める。

❸ (2) What's the matter?「どうしたの。」は相手の体調をたずねるときに用いる。
(3)「野菜」vegetableは複数形で表す。

45 動 詞 ⑦

❶ (1) built, built (2) found, found
　 (3) stood, stood (4) hurt, hurt
❷ (1) lying (2) kept (3) sitting
　 (4) worn
❸ (1) getting (2) sang (3) sold
❹ (1) read (2) running

解説

❶ (4) hurt「～にけがをさせる，～を傷つける」
❷ (1) lieの～ing形はieをyにかえてingをつける。　(3)〈短母音＋子音字〉で終わっているので，子音字を重ねてingをつける。
❸ (1)「外は暗くなってきています。」
　 (2)「メアリーは今晩，パーティーで歌いました。」(3)「その店では野菜が売られています。」
❹ (2) runは〈短母音＋子音字〉で終わっているので，子音字を重ねてingをつける。

46 助 動 詞 ③

❶ (1) should (2) could (3) Shall
　 (4) may (5) must (6) will
　 (7) would
❷ (1) してはいけません
　 (2) 訪ねてもいいですか
　 (3) 持ってくる必要はありません
　 (4) 教えてくれませんか
❸ (1) able, to (2) can, answer

解説

❸ (1)「ベスはギターを弾くことができます。」(2)「ケンはその質問に答えることができます。」

47 形 容 詞 ⑥

❶ (1) afraid (2) perfect
　 (3) noisy (4) common
❷ (1) おもしろい〔おかしな〕
　 (2) りこう〔かしこい〕 (3) 簡単な
　 (4) 個人的な (5) 黙って
❸ (1) lucky (2) traditional
　 (3) lonely (4) glad

解説

❷ (3) simpleはeasyで言いかえることもできる。
❸ (3)「さびしい」はlonely, aloneは「1人で」を表す。

48 副 詞 ④

❶ (1) off (2) out (3) up
❷ (1) オ (2) ア (3) イ (4) ウ
❸ (1) ゆっくりと〔遅く〕
　 (2) 注意深く (3) 前に
　 (4) 綿密に〔注意して〕
❹ (1) someday (2) already (3) yet

解説

❶ (1) on「身につけて」― off「取って」
　 (2) in「中に」― out「外へ」
　 (3) down「下へ」― up「上に」
❷ (1) sure, certainlyは会話で「もちろん。」のように肯定的な返答をするときに用いられることが多い。
❹ (3) yetは現在完了の疑問文で「もう～」という意味でも用いられる。

49 熟 語 ⑤

❶ (1) オ (2) ア (3) ウ (4) イ
　 (5) カ (6) エ
❷ (1) up (2) worth (3) of
　 (4) with

❸ (1) can play baseball, tennis and so on
(2) Our school took part in the contest.
(3) This traditional event takes place every

【解説】
❶ (4) in needのneedは「必要(性)」という意味の名詞。
❷ (2) worth ～ingは「～するだけの価値がある」の意味を表す。
❸ (1) ～ and so onは文の最後などに来て「～など」の意味を表す。

---

50 名 詞 ⑩

❶ (1) men (2) feet (3) wives
(4) houses (5) children
(6) shoes (7) Japanese
(8) cities
❷ (1) life (2) memory (3) potato
(4) woman (5) tooth (6) knife
❸ (1) can (2) cups (3) pieces
(4) pairs
❹ (1) plane〔airplane〕 (2) racket
(3) nurse (4) passport

【解説】
❶ (4) housesは[háuziz]と発音する。
❷ (4) womenは[wímin]と発音する。
❹ (1)「これは人々をほかの場所へ連れて行きます。それはバスより速く移動します。空を飛びます。」（飛行機 — plane）
(2)「テニスをするとき，これとボールを使います。」（ラケット — racket）
(3)「病院でこの人は医者を助け，患者の世話をします。」（看護師 — nurse）
(4)「自国を離れ，他国に入国するのにこ

れが必要です。これを政府から受け取ります。」（パスポート — passport）

---

51 動 詞 ⑧

❶ (1) solve (2) share (3) rescue
(4) add
❷ (1) allowed, 許され
(2) camping,
キャンプに行きましょうか
(3) cause, 引き起こす
(4) taste, 味がしますか
❸ (1) ノックする
(2) においがします
❹ (1) act〔behave〕 (2) receive〔get〕

【解説】
❷ (2) go campingで「キャンプに行く」の意味を表す。 (3) 主語が3人称単数でも，助動詞mayのあとなので，3単現のsはつかない。
❹ (2)「～を受け取る」はreceiveのほかに，getでも表すことができる。

---

52 まとめテスト ⑤

❶ (1) 神 (2) 目的 (3) 怖がって
(4) (～を)共有する (5) おそらく
(6) 自然の (7) 年齢 (8) 共通の
❷ (1) sold (2) already
(3) silent〔quiet〕 (4) in
(5) pieces
❸ (1) の前に (2) 意見 (3) 完璧な
(4) においがします

(解説)

❷ (1)「売られている」と受け身の形をとっているので，過去分詞soldを入れる。
(5) How manyのあとなのでpieceは複数形で表す。

❸ (4) smellのあとに形容詞が続くと，「〜のにおいがする」の意味になる。

---

53 名 詞 ⑪

❶ (1) exchange (2) host (3) plan
(4) condition

❷ (1) イルカ (2) 象 (3) 警察
(4) 風 (5) 瞬間 (6) 影響

❸ (1) character (2) experience
(3) Everything (4) writer
(5) fan (6) mistakes

(解説)

❶ (1) exchangeは「（〜を）交換する」という動詞でも使われる。

❸ (5) fanは「扇，うちわ」の意味もある。

---

54 動 詞 ⑨

❶ (1) felt, felt (2) stood, stood
(3) brought, brought
(4) taught, taught

❷ (1) began (2) choosing (3) told
(4) heard

❸ (1) taken (2) been (3) ate
(4) done

❹ (1) turn (2) tried (3) sent

(解説)

❶ (3) broughtと(4) taughtの下線部の発音[ɔ:]に注意。

❹ (3) send「〜を送る」はsend — sent — sentと変化する。

---

55 形 容 詞 ⑦

❶ (1) unfair (2) full (3) safe
(4) amazing

❷ (1) 元気で〔健康で〕 (2) 無料の
(3) 清潔〔きれい〕 (4) もっと悪く
(5) 似ている〔同じような〕

❸ (1) healthy (2) warm (3) cool
(4) impossible

(解説)

❶ (1) unfair「不公平な」の反意語はfair「公平な」。

❷ (2) freeには「自由な」の意味もある。
(4) worseはここではbad「悪い」の比較級。

❸ (4) impossible「不可能な」の反意語はpossible「可能な」。

---

56 前置詞 ④・接続詞 ③

❶ (1) because of (2) during (3) for
(4) before (5) between
(6) Though (7) when

❷ (1) on (2) in (3) from

❸ (1) is famous not only in Japan, but also in America
(2) We can choose either fish or chicken.
(3) was so heavy that I couldn't carry it

(解説)

❶ (5) betweenは「（2つ〔人〕）の間に」，amongは「（3つ〔人〕以上）の間に」の意味。

❷ (2) in Englishは「英語で」という意味。
(3) be different from 〜は「〜と異なる」という意味。

❸ (2) either 〜 or ...は「〜か…かどちらか」という意味。

1 (1) オ　(2) ア　(3) カ　(4) ウ
(5) エ　(6) イ
2 (1) back〔home〕　(2) Here
(3) best　(4) see　(5) miss　(6) so
(7) to
3 (1) welcome　(2) a second
(3) bad　(4) How　(5) Have

(解説)

1 (3)「どういたしまして。」はYou're
welcome.とも言う。
2 (2) Here you are.「はい，どうぞ。」は相
手にものを差し出すときの表現。

1 (1) ウ　(2) オ　(3) カ　(4) ア
(5) エ　(6) イ
2 (1) looking　(2) about　(3) for
(4) all　(5) take
3 (1) What color are you looking
for ?
(2) Shall I show you another ?
(3) Would you send it to my
house ?

(解説)

1 (4) For here or to go ?は「こちらでめし
あがりますか，お持ち帰りになります
か。」という意味。
2 (3) forは「～にとって」という意味を表す。
3 (2) Shall I ～ ?は申し出る表現。
(3) Would you ～ ? は依頼する表現。

1 (1) エ　(2) イ　(3) ア　(4) ウ
2 (1) Why　(2) Would　(3) love
(4) Shall　(5) How〔What〕

3 (1) so　(2) right　(3) against
(4) don't　(5) in

(解説)

2 (4) Shall we ～ ?はWhy don't we ～ ?と
言うこともできる。
3 (2) ～，right ?は「～ですよね。」と確認
する表現。　(3)「～に賛成して」はfor
で表す。

1 (1) エ　(2) ア　(3) イ　(4) オ
(5) カ　(6) ウ
2 (1) bad　(2) trip　(3) wrong
(4) pleasure　(5) back　(6) Take
3 (1) say　(2) favor

(解説)

1 (5) That's very kind of you.は「ご親切に
どうもありがとう。」という意味。
2 (3) What's wrong ?は「どうかしたので
すか。」という意味。What's the matter ?
「どうしたのですか。」はtheが必要。

1 (1) 8　(2) 12　(3) 13　(4) 26
(5) 52　(6) 92　(7) 1,000
(8) 1,000,000
2 (1) seven　(2) ninth
(3) twenty-one　(4) thirty-fifth
(5) one hundred
(6) one hundred and first
(7) one thousand and three
(8) one thousand and twelfth
3 (1) nineteen eighty-five
(2) nineteen thousand and eight
hundred
4 (1) 31日　(2) 3分の1

【解説】

❷ (2)ninth, (8)one thousand and twelfth のつづりに注意しよう。

❸ (1) 西暦は2桁で区切って読むことに注意。ただし、2001年〜2009年はtwo thousand（and）oneのように読むのが一般的。2010年以降は両方の読み方がある。

❹ (2) 分数は分母に序数を使う。ただし、「2分の1」はone〔a〕halfと言う。

62 まとめテスト⑥

❶ (1) 状況 (2) 瞬間 (3) 不可能な
(4) 安全な (5) 1,000
(6) 1,000,000 (7) はい、どうぞ。
(8) どうかしたのですか。
❷ (1) ate, eaten (2) saw, seen
(3) took, taken (4) made, made
❸ (1) heard (2) so (3) of
(4) between (5) Shall (6) Why

【解説】

❶ (4) safe「安全な」の反対語はdangerous「危険な」。

❸ (1) hearはhear — heard — heardと変化する。 (2) so 〜 that ...で「とても〜なので…だ」という意味。

63 仕上げテスト①

❶ (1) イ (2) ア (3) エ
❷ (1) hungry (2) sister
(3) language (4) breakfast
(5) weather
❸ (1) イ (2) ア (3) エ (4) ア

【解説】

❷ (1)「私に何か食べるものをください。私はとても空腹です。」 (2) 次の文にShe とあることから考える。 (3)「オーストラリアでは何語が話されていますか。」
(4)「あなたは今朝、朝食に何を食べましたか。」 (5)「今日の北海道の天気はどうですか。」「曇りです。」

❸ (1) not only 〜 but also ...で「〜だけでなく…もまた」の意味を表す。 (2)〈look＋形容詞〉で「〜に見える」の意味を表す。
(3)「インターネットは新たなコミュニケーションの方法になっています。」
(4)「小さな子どもたちがこのプールで泳ぐのは危険です。」

64 仕上げテスト②

❶ (1) red, read (2) won, one
(3) threw, through
❷ (1) each, other (2) no, with
(3) his, age (4) better, than
❸ (1) passport (2) soccer
(3) volunteer

【解説】

❶ (1)「その交通信号はそのとき赤でした。」「私は昨夜その本を読みました。」
(2)「私たちはトーナメントで勝ちました。」「私の車は古いので新しいのがほしいです。」 (3)「彼は私が彼に投げたボールを捕りました。」「その少年はその家に窓から侵入しました。」

❷ (1) too＝each other (2) not＋any 〜＝no 〜 (3)「私は彼が何歳か知りません。」「私は彼の年齢を知りません。」
(4) 最上級を使って比較級に書きかえる。

❸ (1) パスポート：外国に入国する際、あなたがどの国の出身かを伝える小さな本
(2) サッカー：けられる丸いボールを使って11人の選手からなる2つのチームで行うゲーム (3) ボランティア：何ももらわずに手助けをする人物